與其做一個好人，不如做一個完整的人

擁抱你所有的黑暗面，成為完整的自己，自由過你想要過的人生

The Dark Side of the Light Chasers

Reclaiming Your Power, Creativity, Brilliance, and Dreams

黛比・福特（Debbie Ford）著

遠流出版公司

推薦序　讓內在的黑暗面，成為幫助自己的力量

小時候，我並不喜歡自己。有時候我甚至恨透了自己。我覺得世上沒有人像我這麼矬、沒人緣。我也拼命想加入男生的小團體，但卻徒勞，反而動不動就被他們捉弄嘲笑。

長大之後，情況依然沒有太大的改變。於是我想，我得要甩開這些包袱，重新開始。我甚至搬到了一個沒有人認識我的新城市居住。在那裡，沒有人會知道我為了填補自卑感，從小就愛吹牛；沒有人會發現我小時候常被大人罵「浮誇」；也不會有人知道我「咄咄逼人」的壞毛病常讓別人啞口無言。從來都沒有人發現，原來我的社交能力這麼差。

嗯，事實上，即使換別的地方住也無濟於事。原本的我始終如影隨形。

直到某一天，我參加了公司人資部門舉辦的個人成長課程。當時帶領的講師說了一段話，讓我銘記至今。

「你所謂的缺點、也就是你很受不了自己的那些地方，其實都是你的寶貴資產，」她說道，「只是它們被過度放大了，就像是音量被調得稍微大聲了點，就是這樣而已。所以只要把音量調小聲一點就好。很快地，你自己、還有你周遭的人，就會自然而然把你的『缺點』看做是你的『優點』。它們會成為很棒的工具，讓你用來幫助自己，而不是阻礙你。你只需學會在當下適當的時機、適當地運用這些性格特質。你要判斷該怎樣適度運用這些很棒的特質，不要過度發揮。」

聽了這番話，我整個人感覺像是被閃電擊中一般。我以前從未聽過這樣的說法。然而，我直覺相信事實就如她所言。我的吹牛毛病，無非就是自信心的

過度發揮。年少時我常被罵「浮誇」或「魯莽」，那不過是隨興、以及過度樂觀的展現罷了。而我的咄咄逼人，則是我的領導能力、口才、勇於表達這三種特質過度發揮。

那一刻我才意識到，我身上的這些缺點，其實也是那些我曾經被人誇獎過的優點。怪不得我老是覺得很困惑！

直到我正視自己的「陰暗面」，我才看清為什麼有時候別人會說我那些行為不好，也才真正發覺到它們所蘊藏的禮物。我需要做的就是換個方式表現這類行為，既不壓抑，也不否認；只要換個方式就好。

如今我明白了活出完整生命的重要性。而要達成這個目標，我必須先覺察自己心中的陰暗面，然後把我的所有面向，包括自己和別人眼中的一切「正面」及「負面」特質，融合為一個更棒的完整生命。

透過這段歷程，我最終跟自己成為了好朋友。只不過，這花了多少時間

啊！要是當初我能接觸到本書的深刻見解與智慧，我所經歷的那段過程就能縮短許多。

請仔細閱讀本書。讀完一遍，再讀一遍。為確保沒有遺漏，請再讀第三遍。別忘了要做書中的練習。你做不做得到？

你做不做得到？

要是你根本無意改變自己的人生，那就不用讀這本書，也不用做練習。現在就闔上書本，然後塞到書架最上面你永遠都不會去碰的地方，或是乾脆送給朋友。因為，如果你用心去讀這本書，你的人生必定會有所改變。

我堅信人要活出「全然可視」的人生。所謂全然可視，是指完全透明，毫不隱藏，毫不否認。我自身沒有任何一個部分，是我不想看到、不想認可的。如果你同意我的說法，接受「可視」是通往「真實」的鑰匙，而「真實」是進入「真我」的大門，那麼你將會發自內心感謝本書作者寫了這本書。因為它將

引領你進入「真我」的大門，找到永恆的喜樂、內在的平靜，以及一處愛自己的地方，而那個地方是如此遼闊，最終你會發現，裡頭大到讓你可以完全毫無保留去愛別人。

這個循環一旦啟動，你不僅能改變自己的人生，也會真正開始改變這個世界。

尼爾．沃許，《與神對話》作者

寫於奧勒岡州

推薦序　我們愈是抗拒的，影響力愈強大

你的潛意識操控著你的人生，而你卻稱其為命運。當潛意識被呈現，命運就被改寫了。

——卡爾・榮格（Carl Jung）

這是一個在我們文化中，平常又平凡的故事。

有位小男孩，從小被教育「男生不能哭」。印象中，從國中開始，就被「教育成功」了，至少沒有在人前哭過。

後來，「男生不能哭」變成了模糊的信念，雖然不常想起來，不過他因此養成了習慣。他習慣凡事不要投入太多情感，看起來像不在乎，有種青少年裝酷的流行模樣。

出社會之後，有心儀的對象，結了婚生了男娃娃。他不喜歡太太老是要找他抱怨，他更不能接受太太哭，總是給很多建議，要太太不要多說，照他的想法去做就好。

他特別對兒子強調「男生不能哭」，只要兒子哭，他就心煩，兒子愈大他愈不能容忍。有一次威脅要上國小的兒子「再哭就關廁所」，太太很不高興跟他吵，他乾脆慢慢眼不見為淨，常叫兒子「去找你媽」。

平常愛玩手遊，他說工作壓力大要紓壓，投入對戰可以忘憂。可是他太太因為被冷落而抱怨，說他都不重視家庭生活。他勉為其難停下來聽他太太講話，都是重複的訴苦情節，他的建議也不聽，他只好又回到殺戮戰場，隨便他

太太要怎麼講他。

「男生不能哭」雖然是我們非常熟悉的傳統教養，但為了壓抑人類哭泣的本能，就像石頭丟入湖中所激起的漣漪一樣，會出現一連串的改變，包括行為、習慣、性格，最後也可能變成相應的命運。男生哭泣在我們傳統文化中，常被視為軟弱、沒用，因此容易被掃到意識的底層，成了內在的陰暗面。

我們愈是抗拒的，影響力愈強大。

本來哭夠了，悲傷就離開了，然後可以繼續生活，這是本能帶給我們的好處。現在變成悲傷一直被壓住，當事人還要用各種方式麻痺自己的感受，不自主地躲避會讓自己想哭的情境，無法與家人的悲傷同在。當事人排斥兒子哭，就像排斥自己哭一樣，把自己無法接納的特質投射出去，最後可能變成無法接納兒子。

陰暗面能見光，那些模糊的潛意識可以浮上意識，我們就有機會走向整

合。一個不斷進行整合的人，會跟自己連結與同在，停止自我厭惡，更為敞開與真誠，也更加自由。

「所謂的自由，是能夠在生命中的任何時刻選擇自己想成為怎樣的人。但假使你必須表現出某些行為來避免變成某種你不喜歡的樣子，你就被束縛住了。你等於限縮了自己的自由，剝奪了自己的完整性。」

黛比・福特的文字，是心理勵志書籍的經典，也是我個人成長的重要啟蒙。收回我的投射，一直是我放在心上的練習，我確實因此感覺日漸自由，儘管自我設限仍有再打開的空間。

邀請讀者一起透過閱讀本書，開啟一段向內的探索。允許自己的每個部分站出來，成就精彩豐富的人生旅程。

臨床心理師／洪仲清

目次

目次

前言　允許自己蛻變成最美好的自己

十多年前，我提筆撰寫這本書時，並不知道會得到怎樣的迴響，或有沒有機會出版。但由於我個人經歷的蛻變，讓我得以重生，並且打開了心門，再加上我姊姊的鼓勵，使我深切希望把那些最終改變了我人生的觀念和過程付諸文字。我曾經痛苦煎熬很多年，努力想讓自己成為一個更好的人。我想要充滿自信，相信自己，想要鼓起勇氣追求自己所想要跟需要的一切，過著有意義的人生。我想要早上醒來時，臉上帶著微笑，知道自己被愛，知道自己有所歸屬。我極其想要感受到自己是有價值的，也渴望有機會完全發揮自己的潛能。

內心的苦痛令我實在無比難熬，直到我認識了真實完整的自己。當時我大為震撼，因為我以為，能夠給我一切我想要的那個自己，將會是一個完美的人，而那樣一個新版本的我，會在某個午夜時分降臨，替換掉那個我原本熟悉與厭惡的自己。

我幻想著自己渴望成為什麼樣子的人，但卻從未真正相信自己能夠轉變成那樣的人。儘管如此，我仍想要去愛所有層面的自己，而這份渴望促使我尋遍了各種心理勵志與心理學方法。不管經過多少日子，或是流下多少眼淚，我從沒放棄希望——我想要成為一個更好的人，即便我毫無頭緒，不知道要怎樣才能找到美好的自己。

直到某天，我隱約瞥見我一直在找尋的自我樣貌，我這才驚詫地發現，我在尋找的，早已存在於自己的內心。那一天，我突然找到真實美好的自己，讓我既困惑又驚訝，因為，我不需要擺脫原本的自己，不需摒棄自己的某些部分，或是把它們埋藏在意識深處。事實上，這個真實美好的自己就存在於我意想不到之處。我這美好自己出現的那一天，我終於領會，我心中的黑暗面裡蘊藏著黃金，我的負面言行裡隱藏著光亮，我的過往創傷裡潛藏著力量。

我永遠不會忘記那神聖的一天；我明白到我的任務並不是要擺脫一切我認為不對、或不好的自我部分，事實上，恰好相反。我該做的是將自己最人性的部分，轉化為最特別的部分。唯有真心愛著不完美的自己，我才能重新成為一個完整、快樂、傻傻、有愛心、熱情、有價值的人。只有在我懂得讓我的「人性」與「神性」

部分共存之後，我才對人生有了自己做夢也想不到的體會。我終於體會到真正的愛是什麼，那並不是一種仰賴別人的愛，而是一種唯有與自己建立關愛、尊重、信任的關係，才能得到的愛。那是無怨無悔、無條件的愛，是不帶任何偏見的愛。它給予的是慈悲與包容，而不是批判；它展現的是仁慈和關愛，而不是自我厭惡和內在折磨。

這本書記述的，正是這條我發現的、通往愛的途徑，是我曾經歷過的點點滴滴。藉由寫下這段歷程，並且親自再度實踐一遍，我體會到另一種不同的真實。我發現每次自己不開心的時候，我就會去找自己哪裡有做錯，而不是哪裡做對。我總是在恐懼和批判之中，想找出哪裡有問題，而不是以愛和開放的心胸接納。我總是透過懲罰性的內在機制，而不是以一顆包容的心，來看待問題。因此，透過撰寫本書，我找到了勇氣重新面對自己的脆弱、找回了自己的天賦，而且想要幫助人們療癒自己。自從本書首次出版以來，我想替這世界所做的一切便有了基礎，讓我得以無比的榮幸，懷著興奮的心情，引導全球無數的讀者踏上了這趟旅程。經過十多年之後，我只能說，選擇走上這條心靈道路，肯定是有利而無害。當你意識到自己的

生命本質就是純粹的愛，你自然會敞開心胸，與自己及他人和平共處。當你看見自己身上所有性格特質所蘊含的價值，你就會以全然不同的方式看待自己或其他人，並且對於有機會成為自己想要成為的人感到興奮不已。本書中的方法已有世界各地的大學及其他教學機構採用；治療師、心靈教練與其他心理健康專業人員也加以運用，還有讀者的口耳相傳。這本書裡所寫的方法曾經幫助了我，也將帶給你幫助。你可以信任這個方法，毋須感到憂懼，只要沉浸於其中，感受它所帶來的喜悅與快樂就好。

當你理解和接納完整的自己，周遭的人也會因此受惠。這禮物是源源不絕，因為，你身邊的人也會更懂得欣賞自己。你的孩子、手足、朋友將敞開心扉，期盼聆聽你的體驗，因為不管他們是否認同，每個人都期盼回歸完整合一，每個人都希望覺得自己很不錯，每個人都想要感受到自己是真正有價值。透過閱讀本書，並實踐每一章的練習，你將獲得這一切。

要去愛自己討厭、恐懼、感到困擾或受到傷害的一切並不容易。有時候，緊抓住過往的傷痛不放，比起在當下獲得療癒，似乎輕鬆得多。但我向你保證，這麼做

反而會更痛苦。唯有願意終結過往創傷，才能擁有你深切嚮往的未來。我們不僅要接受過去，更要擁抱過去，如此才能實現一個不同於過往人生的未來。無論多麼艱難，唯有學習擁抱自己所有的樣貌，以及所經歷的一切，如此才能進化成自己渴望成為的樣子。當我們明白，我們所有的人性特質對於能夠感受到完整的自己是至關緊要，我們便邁開了成長的步伐，進入到愛自己、活出最真實自己的人生。正是在這種脆弱之處，那個真實的自己才是真正與生而來的。正是在這條神聖真理的道路上，我們才有信心能夠得到自己想要的一切，同時也想要擁有自己所有的一切。而在這真理之地，我們會從最黑暗之處，展現出更熱情、更了不起的自己。

馴服我們最黑暗的情緒、戰勝我們最愛批判的自己，就能獲得珍貴無比的內在力量。這個內在力量無處可買，也無法繼承。想要獲得這股內在力量，別無他法，也無捷徑。它是我們穿越內心偏見的黑暗、到達無條件愛自己的光亮之中，所贏得的獎勵。它是最高的榮譽，特別頒發給那些懷有無比勇氣、擁抱內心「人性」與「神性」部分的人。它是你應當獲得的獎勵。

所以，請深呼吸一口，允許自己蛻變成最美好的自己。你值得的。活出完整的

自己，是你與生俱來的權利。當你下定決心穿越黑暗，走向你最美好自我的光芒之中，一切的愛跟你需要的工具都會在你面前等待著你。

第一章　外在世界與內在世界

我們大多數的人之所以開始探求個人成長，是因為在人生的某個點上，內心痛苦的重擔已不堪負荷。本書就是要揭露這個毀壞我們關係、擊潰我們靈魂，阻礙我們實現夢想的自我面向。心理學家榮格（Carl Jung）稱此為「陰影」。「陰影」包含了所有我們亟欲隱藏或否認的部分。它包含了我們認為無法被親朋好友接受的黑暗面，而且最重要的是，連我們自己也無法接受。黑暗面深埋在我們意識之中，不想被我們自己或其他人發現。這個內心的隱蔽處傳遞出來的訊息很簡單，就是：我有問題、我很糟、我不討人喜歡、我不配、我不值得。

我們許多人相信這些內在訊息，相信如果仔細爬梳內心深處，就會探掘出自己不堪的一面。我們抗拒去好好看、仔細看，因為害怕會發現無法與之共存的另一個自己。我們害怕自己，害怕那些我們一直在壓抑的想法和感覺。我們當中很多人會

與自己所恐懼的做切割，因此只有透過反照才能看見。我們把自己所恐懼的，投射到外在世界，投射到家人朋友和陌生人身上。我們的恐懼是如此之深，只能用掩藏或否認來處理。漸漸地，我們成了自欺欺人的高明騙子，因為太會騙了，結果根本忘了面具底下隱藏的真實自我。我們相信自己就是在鏡子裡看到的那個人。我們相信不論內在或外在，我們就是自己看到的那個樣子。即使經年累月一再經歷關係破裂、工作不遂、飲食失調、夢想落空，我們仍持續壓抑這些內在不安的訊息，只告訴自己「我沒事、一切都會變好」。我們蒙上眼睛、摀住耳朵，放任這些內在的心聲不管：我有問題、我很糟、我不討人喜歡、我不配、我不值。

陰影潛藏改變的契機

我們毋須壓制陰影。對於最懼怕面對的事物，我們反而要正視它、接納它、擁有它。所謂「擁有」，是指承認某個特質是自己的一部分。「陰影就是線索所在，」心靈導師及作家拉札瑞斯（Lazaris）曾這樣說：「陰影也潛藏著改變的秘

密。這種改變能影響你的細胞機能，影響你的ＤＮＡ。」我們的陰影存有真實自我的根本要素，蘊藏最珍貴的禮物。正視我們的這些面向，才能自在地去感受整體的自己：我們既有善，也有惡，既有黑暗面，也有光明面。接納自己的所有面向，方能擁有在這個世上選擇怎麼做的自由。若繼續掩藏、偽裝、把自己的內在部分投射出去，我們也會失去做自己與選擇的自由。

我們陰影存在的目的，是要教導、指引我們，讓我們得以擁有完整的自己。陰影是供我們發掘與探索的內在資源。那些我們一直壓抑著的感受，極度渴望被整合到我們的自身；一味地壓抑，只會讓它們帶來傷害：然後有朝一日，它們會在最不利的時機點迸發，猝不及防地偷襲，在人生最重要的領域上阻礙你。

當你與陰影和解，你的人生將會轉變，猶如毛毛蟲破蛹而出，蛻變為美麗蝴蝶。你無須再偽裝成不是你的那個人，也不再需要證明自己已經夠好了。坦然接納自己的陰影，就不必再活在恐懼之中。找到陰影帶給你的禮物，最後你將能沉浸於真實自我之榮美，進而能自由地打造你所渴望的人生。

每個人與生都俱有一套健康的情感系統。剛出生時，我們愛自己、接納自己，

不會去評斷自己哪些部分是好的、哪些是不好的。我們是完整的存在、活在當下，並且不受拘束地展現自我。隨著年齡增長，我們開始向周遭的人學習，他們告訴我們行為舉止應該要怎樣、什麼時候該吃飯、什麼時候該睡覺，而且開始會做區別。我們學會哪些行為是能得到認可、哪些行為會遭受排斥。我們學會怎樣能得到立即的回應，怎樣就算哭也沒用。我們學會信任或畏懼周遭的人。我們懂得怎樣是表現穩定，怎樣是反覆無常。我們瞭解在所處環境中，哪些特質能獲得認可，哪些不行。凡此種種，都使我們無法活在當下，無法自由地表達自我。

我們需要重拾我們的純真，因為唯有這份純真才能讓我們在每個時刻接受自己所有的面向。為了要能夠健康、快樂、完整地存在於這個世上，我們就必須回到純真的狀態。這就是我們要踏上的道路。在尼爾・唐納・沃許（Neale Donald Walsch）的著作《與神對話》（Conversations with God）中，神說：

無瑕的愛之於各種情感，猶如無瑕的白之於各種色彩。許多人以為白色是缺乏顏色，其實不然。它包含了每種色彩。白色其實是所有其他顏色的總合。同樣地，

愛並非缺乏情感（仇恨、憤怒、慾望、嫉妒、妄羨），而是匯聚了所有感受。愛是全部，是總合，是一切。

「愛」具有包容性：它接納了一切人類的情感——包括我們亟欲隱藏和恐懼的情感。榮格曾說：「與其做個好人，我寧願做個完整的人。」我們當中有多少人為了做好人、為了讓別人喜愛和認可，而出賣了自己？

我們大部分的人從小就知道，人有好的特質，也有壞的特質。而為了被別人接納，我們必須改掉壞的特質，或至少加以掩藏。這種思維是在我們開始個體化時形成，這時我們會分辨手指與嬰兒床欄杆不同，能夠區分自己與父母之間的差別。但隨著年紀增長，我們體認到一個更重要的真理，亦即在靈性層面上，我們所有人是互相連結，我們都是彼此的一部分。從這個角度來看，我們得問：我們身上真的有好的跟壞的特質嗎？還是每個面向都是構成整體不可或缺的一部分？因為如果我們不知道惡，又如何能知道善？不知道恨，又如何能懂得愛？不知道恐懼，又如何能知道什麼是勇氣？

不是我們存在於世界之中，而是世界存在於我們裡面

這種「宇宙全像」模式，提供我們創新的視角來觀看內在世界與外在世界的連結。根據宇宙全像的理論，宇宙的每一部分（無論如何切分）都包含了整體的智慧。因此，我們身為生命的個體，並非各不相干、隨機地存在。我們每一個人都是一個小宇宙，而每個小宇宙都反射出與涵蓋了一整個宇宙。「若真如此，」研究人類意識狀態的精神科醫師史坦尼斯拉弗·葛羅夫（Stanislav Grof）說：「那麼我們每一個人都具有潛能，能夠直接且即刻體驗宇宙的每個面向，可以超越我們的感官範圍，大大擴展我們的能力。」我們的內在自我蘊含整個宇宙。正如狄帕克·喬布拉（Deepak Chopra）所言，「不是我們存在於世界之中，而是世界存在於我們裡面。」我們每一個人都擁有所有現存的人性特質。沒有什麼是我們無法看到或想像的，而我們人生旅途的目的，就是要回歸此一完整性。

品德高尚與憤世嫉俗，神聖與邪惡，勇敢與懦弱，所有面向都潛藏在我們裡面，倘若它們不被認可、沒有整合到心靈之中，就會顯現於外在行為。許多人不僅

害怕黑暗，也害怕光明。許多人畏懼探索自己內心，種種恐懼堆砌成一堵堵的牆，再也無法想起自己的真正面貌。

為了迎來光明，你必須走入黑暗

本書即是關於如何超越這些牆、跨越我們自己築起的障礙，讓我們，或許是有生以來第一次，好好認識自己，還有自己的所作所為。它將帶領你展開一趟改變的旅程，改變你看待自己、他人與世界的方式，同時也讓你敞開心胸，對自己的人性充滿敬畏與慈悲。波斯詩人魯米（Rumi）曾說：「老天為證，當你看見自己的美，你就會成為自己的偶像。」而本書也提供了一些方法，讓你能夠發現真實自我之美。

榮格首先提出了「陰影」一詞，用來指稱那些出於恐懼、無知、羞愧或缺乏愛，而遭排拒的人格面向。榮格對於「陰影」的基本概念很簡單：「陰影就是你不想成為的那種人。」他相信，整合陰影會帶來強大的作用力，能使我們重新發現自

己靈性生活的深層源頭。「為此，」榮格說，「我們必須與邪惡爭戰，正視陰影，整合內心的惡魔。除此之外，別無他法。」

為了迎來光明，你必須走入黑暗。壓抑任何情感或衝動，也等於限制了這些情感或衝動的另一面。如果我們否認自身的醜陋，就會減損自身的美麗；否認恐懼，就會削弱勇氣；否認自身的貪婪，也就限縮了自身的慷慨大度。我們的內在所擁有的，是超乎我們所能想像。若你和我一樣，相信我們內在都存有所有人性的印記，那麼，你必然有能力成為你自己最欽佩的人物，同時也有可能淪為你自己覺得最糟糕的人。本書即是想要幫助各位與這些相互矛盾的自我面向和好。

凡是你無法與之共存的，都將不會讓你好過

我有一位朋友是帶課程的老師，他曾這麼說過：「凡是你無法與之共存的，都將不會讓你好過。」你必須學會如何允許自己的各個面向一起存在。若你想要自由，就必須能夠「做自己」，意即必須停止自我批判。我們得要諒解自己生而為

人，並不完美。因為當我們在批判自己的時候，也會不由自主地批判他人，而我們怎樣對待別人，就會怎樣對待自己。外在世界是反映我們內在的鏡子。當我們能接納自己、寬恕自己，我們也會自然而然地接納他人、寬恕他人。這是我吃足了苦頭才學會的功課。

多年前的某一天，我在自家浴室的冰冷大理石地板上醒來。我渾身痠痛，滿嘴臭味，想必昨晚又是開趴狂歡、嗑藥，之後大吐一場。我站起來，凝視鏡中的自己，我知道自己不能再這樣下去了。我已經二十八歲了，竟還巴望著別人來拯救我。那天早晨我意識到，沒人會來拉我一把，無論是父母，或是想像中的白馬王子。徘徊在藥物成癮十字路口的我，倏忽醒悟到，我只能在活命跟死路之間做選擇。沒人能替我做出選擇，沒人能解除我的痛苦，除非我幫助自己，否則誰也幫不了我。我在鏡子看到的那個女人嚇壞我了。我甚至認不得她是誰。疲累又驚恐之下，我拿起電話求助。

我的人生從此徹底改變。就在那天早上，我下定決心，無論要花多久時間，我都要振作起來。完成了二十八天的治療後，我展開了漫長曲折的探索，想要全面療

癒自己。雖然這似乎是個艱鉅的任務，但我曉得，我沒有退路。經過五年時間，花費近五萬美元，我整個人脫胎換骨。我成功戒癮、結交了新朋友，也改變了價值觀。儘管如此，我在冥想靜思時，仍感覺到，我還是覺得自己有些部分不好，想要剔除。我的問題在於，我依然憎惡自己。

說來不可思議，一個人可以在十一年間，參加團體治療、相互依存治療、十二步驟聚會，嘗試催眠和針灸，體驗重生，挑戰高山跳傘，上心靈轉化課程、佛學禪修、蘇菲靜心，閱覽數百本相關書籍，聆聽觀想與冥想的有聲書……，結果到頭來，仍舊憎惡某部分的自己。縱使投入了無數時間和金錢，我知道，我的功課依然尚未完成。

你刻意抗拒的，反而會糾纏著你

終於，頓悟的時刻到來。當時我去上了一個領導力的培訓課程，導師是位名叫珍的女子。就在課程進行到一半，我站在眾人面前發言的時候，她忽然看了看我，

說：「妳真的很機車。」我的心瞬間一沉。她是怎麼看穿的？我知道自己是個難搞的人，但我一直很努力想要擺脫這樣的自己。為了彌補這種討人厭的性格，我總是盡可能表現得體貼跟寬厚。她接著以平靜的口吻問我，為什麼厭惡這部分的自己。我自卑地告訴她，這是最讓我覺得丟臉的部分，而且這部分只會帶給我自己和別人痛苦。珍聽完後，對我說：「妳無法承認自己擁有的，會反過來掌控妳。」

我能瞭解「難搞」的特質是如何掌控了我，因為我老是擔心自己露出這個部分。但儘管如此，我還是不想承認自己擁有這種特質。「個性難搞有沒有什麼好處？」珍反問我。就我所見，一點好處都沒有。但她接著說，「假設妳要蓋一棟房子，結果承包商不僅預算超支，工程進度還落後了三週，妳覺得這時候展現一點『機車』的作風，是否能使狀況改善？」當然，這我同意。「做生意需要退貨給對方時，偶爾發揮一下『機車』的個性，是否會有幫助？」當然，這我也同意。珍進一步問我，現在是否能看出「難搞」的性格在某些時候不僅管用，而且在現實世界裡，要把事情順利完成的話，它更是一項值得擁有的不錯特質。一瞬間，這個我亟欲遮掩、否認和壓抑的部分獲得了解放。我全身煥然一新，彷彿卸下了肩頸上的千

斤重擔。珍找出這個部分的我，讓我瞭解它其實是份珍貴禮物，無須為它感到羞恥。如果我允許這項特質存在，就不需要在行為上表現出來；我可以運用它，而不是受它奴役。

從那天起，我的人生完全不同。另一塊療癒的拼圖已經拼上。「你刻意抗拒的，反而會糾纏著你。」這句話我聽過好多遍了，但卻從未完全瞭解其中的深意。原來我在抗拒自己「難搞」這個特質的同時，反而更鎖定了它。然而，當我接受它，看見裡頭蘊藏的禮物，我就漸漸減弱了反抗力道，它便不再羈絆著我，反倒成為我這個人很自然且健康的一部分。現在我沒必要展現「機車」的一面，但在適當時機（現實世界裡確實有些情況需要），我可以善用這項特質來保護自己。

這個過程令我覺得非常神奇。於是，我列出所有自己不喜歡的部分，努力探掘當中蘊藏的禮物。只要我一看出自己各個部分的正面與負面價值，我就能夠卸下防備，允許這些面向自由地存在。我愈來愈明白，關鍵並非在剔除我們不喜歡自己的那些特質，而是要找出它們正面的部分，然後重新整合到我們的生命裡。

追逐光明，只會迎來更多黑暗

這本書會指引各位展開探索內心的旅程，當中的核心觀念來自於我這些年所研發的課程，而這課程是要幫助學員揭露、承認擁有及擁抱自己的陰影。我會先詳盡闡述陰影的定義，並探究它的本質與影響。接著我會探討基本的陰影現象，也就是投射，意思是指我們會把自己某些關鍵的部分拋出去，好否認它們的存在。當我們懂得以嶄新方式，亦即以「宇宙全像模式」來瞭解內在與外在世界，我們就可以開始運用學到的東西，揭露我們黑暗面所隱藏的樣貌。接下來，我們將會試著承認擁有陰影，為我們的陰影特質負起責任，學會以具體方法擁抱陰影，發掘它蘊藏的禮物，以及如何把我們已經交給別人、主宰自己的力量找回來。最後，我們將探討如何愛自己、照顧自己，並且找出實際的方法來實現夢想，打造有意義的人生。

我們許多人投注了太多的時間在追逐光明，卻反而迎來更多黑暗。「想像光明的形象，並無法使人覺醒，」榮格曾說，「而是要覺知黑暗，才能真正開悟。」本書將帶領你揭露、承認擁有和擁抱陰影，並且傳遞探掘內在的知識與工具，指引你

拿回自身的力量，重拾創造力、智慧與夢想。本書也將會讓你敞開心扉去面對自己及他人，徹底改變你與這個世界的關係。

第二章　追尋陰影

陰影的面貌很多，有恐懼、貪婪、憤怒、記恨、邪惡、自私、操縱、懶惰、控制、敵對、醜陋、自卑、吝嗇、軟弱、吹毛求疵、苛刻……不勝枚舉。陰暗面就像是一座倉庫，裡面堆藏了所有我們自己無法被接納的部分——所有我們假裝不存在的事情跟所有自覺難堪的面向。這些是我們不願意對外展現、也不願意向自己展現的面貌。

我們討厭、抗拒，或是不想擁有的所有一切卻依然故我地存在著，漸漸削弱了我們的價值感。當我們直接面對自己的黑暗面時，第一個直覺反應往往是逃避，第二個反應就是好說歹說，希望它別再來糾纏。許多人耗費了大量時間和金錢，就是為了練就這番功夫。諷刺的是，這些我們排拒和遮掩的面向，恰恰又最需要得到關注。當我們故意忽視這些我們不喜歡自己的部分，就不知不覺掩埋了我們最珍貴的

寶藏。這些珍寶結果就藏在我們最意想不到的地方：它們藏在我們內心的黑暗之處。

這些迫切想要顯現的寶藏，拼命想喚起我們的注意，但我們卻習慣了把它們壓制下來。這些面向就好比被壓入水中的海灘球，只要我們一鬆手，就會立刻彈出水面。由於我們選擇了不允許這些自我的部分存在，於是不得不耗費龐大心力，讓它們不要浮出表面。

詩人兼作家羅勃・布萊（Robert Bly）將陰影形容為「每個人揹在身後的隱形袋子」。在我們成長的過程中，我們將那些不被家人跟朋友接納的面向，全都扔進這個袋子裡。布萊認為，我們的前半生一直忙著填滿袋子，到了後半生為了減輕負擔，又會將袋子裡的一切拿出來。

大多數的人都害怕面對及擁抱自身的黑暗面，可是，正是在那黑暗之中，你會找到自己一直在渴望獲得的幸福與圓滿。只要你願意花時間發掘完整的自己，就能開啟通往真正覺醒的大門。資訊時代最大的一個陷阱就是「我知道」這個毛病。知道什麼，往往會阻礙我們透過自己的心去體驗。陰影的功課並非腦力活動，而是一

趟從頭腦到內心的旅程。許多人在自我提升的道路上，認為自己已經完成了所有課題，卻不願意去瞭解關於自己的真實樣貌。我們大部分的人渴望看到光明，想要成為最美好高尚的人，但卻不去將自己所有的面向整合為一體。若不瞭解黑暗，我們是無法全然體驗光明。黑暗面是讓我們通往真正自由的守門者。我們每個人都必須願意持續探索和揭露這個面向的自己。無論喜歡與否，只要是人，就必然會有陰影。如果你看不出自己的陰影，不妨問問家人或同事，他們會為你指點迷津。別以為我們戴的面具能夠掩藏內在的自我，那些我們拒絕承認的面向，總是有辦法會在我們最預料不到的時候冒出頭來。

擁抱某部分的自己，意思是指關愛它，允許它與自己的其他部分共存，並且加以平等看待，不厚此薄彼。光是說，「我知道我愛控制」是不夠的，而是必須明白「愛控制」是要教導我們什麼、當中蘊含了什麼樣的禮物，然後懂得以敬畏和慈悲的眼光看待它。

我們總是以為，若要具有神性，就必須是完美才行。我們誤會了。事實上，正好相反。要有神性，必須是完整，而要成為完整就是得容納一切，包括了正面與負

面、好與壞、聖人與惡魔。當我們花時間探索自身的陰影，進而發現陰影蘊藏的禮物，就能理解榮格所謂「黃金就在黑暗之中」的意思。我們每個人都必須找到黑暗裡的黃金，才能與神聖的自我重新連結。

唯有完全擁抱黑暗，才能真正擁抱光明

在我成長的過程中，大人告訴我，世上有兩種人，那就是好人跟壞人。跟大多數的孩子一樣，我努力展現自己的優點，隱藏缺點。我非常想除掉自己那些不被爸媽和兄弟姊妹認可的部分。隨著年紀增長，許多抱持不同觀點的人進入我的生命，然後我發現，我還得再掩藏更多部份的自己。

我經常夜不成眠，滿腦子想著，為什麼我這麼糟糕？我是被詛咒了嗎？怎麼會有那麼多可怕的缺點？我也替我的哥哥姊姊擔心，因為他們同樣有好多缺點需要克服（以前我們只要表現出任何缺點，就會挨罰）。我曾被告誡，有人之所以會被關進監獄，就是因為他們品性不良才惹禍上身。我可不想落得這種隔著鐵窗與家人朋

友對望的下場。所以我老早就認定，要得到他人接納的最好辦法，就是將自己這些不討人喜歡的部分隱藏起來，有時候這就代表要撒謊。當時我只想表現得毫無缺點，這樣才能獲得別人喜愛。因此，我沒刷牙的時候，就說謊；我其實多吃了幾塊餅乾，就說謊；我惡意咬傷姊姊，也說謊。到了三、四歲左右，我甚至沒有意識到自己在撒謊，因為那時我已經開始會欺騙自己了。

旁人叮囑我：不要亂生氣、不要自私、不要卑鄙、不要貪心……，我把「不要***」內化在心裡。我開始相信自己是個差勁的人，因為我有時會使壞心眼，有時愛生氣，有時想要獨佔所有的餅乾。我體認到，若想在家裡跟這個世界「存活下來」，就必須擺脫這些衝動。我也確實這麼做了。慢慢地，我把它們扔到意識深處，甚至完全忘了它們的存在。

這些「壞的特質」變成了我內心的陰影。而且隨著年紀增長，我把它們埋藏得愈來愈深。到了青少年時期，由於我已經壓抑了自己太多的面向，整個人就像一顆行走的定時炸彈，誰要是惹到我，我就會立刻爆炸。除了所謂「壞的特質」，我也抗拒接受自己所有與之相對的正面特質。我無法體會自身的美麗，因為我老是花時

間隱藏自己的醜陋。我無法為自己的慷慨感到開心，因為慷慨只不過是用來遮掩我貪婪的面具。我撒謊隱瞞真實的自己，也對自己撒謊，隱藏自己真正的能力。我失去了完整的自己。

由於我是如此辛苦地壓抑自己，因此也難以忍受那些會暴露出自身缺點的人。我變得心胸狹隘，動不動就批評別人。就我看來，沒有人夠好，這個世界就是一個爛透的地方，每個人都有毛病。我相信，我之所以會變成這副德行，是因為我生錯家庭、交錯朋友、長錯臉蛋、放錯軀殼、進錯學校、住在錯的地方。在我心中，這些外在條件就是導致我孤單、憤怒和不滿的原因。我心想，「要是我生在有錢人家，住在歐洲，念的是寄宿學校就好了。要是我有像樣的衣服和大筆存款，我的人生就會一帆風順，我的煩惱也會通通消失。」

我掉進了自己十分熟悉的「要是」陷阱。要是這樣，一切都會順遂，我會過得很好。可是這種幻想無法持續太久。當幻想褪去，我面對的只是最可怕的惡夢。我終於認清，我就是我，瘦骨如柴、不完美、不寬裕、愛生氣、自私。我花了十七年的時間，才終於接受所有的自己，既聰慧美麗，也有缺點，並非完美。這個過程並

不容易，即使到了今天，我依然在努力。

完成陰影帶來的功課，目的在於成為完整的自己，終結內心痛苦，不再隱藏自我。我們的社會助長了一種假象，好像只有完美的人才能得到幸福。然而，我們很多人發現，追求「完美」要付出很大的代價。假裝是個「完美的人」帶來的後果，就是使身心靈耗損。我曾接觸過許多有各種成癮、憂鬱、失眠、人際關係出問題的人，他們是那種從不發怒、總是替別人著想、從不為自己禱告的人。這些人當中，有些罹患癌症，身體飽受折磨，但自己不知道為什麼。其實，他們所有的夢想、憤怒、悲傷和渴望都已被埋藏在他們身體裡，深深壓抑在內心裡。這些人從小被教導要把自己放在最後面，因為這樣做才是好人。對他們來說，最難做到的事就是要打破這種觀念的制約，找到真正的自己。其實他們才是值得自己好好去愛的人、值得自己寬恕與憐憫的人，所以他們完全有權利表達自己的憤怒和自私。

在我們每個人的內心，都具有正面與負面的所有特質，都具有所有人類的情感與衝動。我們必須揭露、承認擁有與擁抱所有面向的自己，包括好與壞、黑暗與光明、堅強與軟弱、誠實與狡詐。假如你認為自己很軟弱，就必須去探尋跟軟弱相對

的那一面，從而發現自身的力量。假如你認為自己受恐懼控制，就得深入內心尋找勇氣。假如你是受害者，就得要找出你內心的加害者。成為完整的自己，是你與生俱來的權利。這只需轉變一下觀念，打開心扉。當你能對著最深層、最黑暗的自己，說出「我就是那樣」，你就能到達真正覺醒的境界。唯有完全擁抱黑暗，才能真正擁抱光明。有人說，陰影的課題就是心靈勇士要走的路途。這條路會帶領我們到達我們意識的新天地，在那兒，我們會打開心門，接納完整的自己，以及我們所有的人性。

陰影是要教導我們什麼是愛、慈悲和寬恕

有一天，在我某個課程中，有個名叫奧黛莉的女子，忍不住站起來哭了，顯然她承受著極大的痛苦。她承認，自己有很糟糕的想法，但她實在難以啟齒，深怕一說出口，大家就會知道她真的是個很壞的人。我跟她溝通許久後，最後她坦言，她恨她的女兒。她因為太難受了，我一開始幾乎聽不清楚她在說什麼。她只是一遍又

一遍輕聲地說：「我恨我女兒。」所有學員都盯著她看，有些人投以憐憫的眼神，有些人則是嚇到。

我跟奧黛莉談了一會兒，向她解釋，即使她感覺到的是恨，也沒什麼關係。她需要嘗試接受自己對女兒的恨意。我問在場有誰也是為人父母？幾乎每一個人都舉起了手。於是我請大家閉上眼睛，試著回想自己是否曾經有對子女產生恨意的時候。結果每個人都記得至少有過一次這樣的感受。我接著要大家想像，「恨」可能帶來什麼禮物？有人說理性，有人說愛，也有人說情緒的釋放。現場每個人都知道，自己都曾無法控制情緒本身。即使大家不想感覺到恨意，但有時候就是會感受得到。

奧黛莉看到不是只有自己這樣後，便能夠開始放下批判，允許自己感覺恨意。我告訴大家，我們都需要恨，才能懂得愛，而且只有在恨受到壓抑或否認時，我們才會受其掌控。我問奧黛莉，假如她能接納自己感覺到的恨意，並且發掘當中蘊藏的禮物，而不是一味地壓抑，會怎麼樣呢？她低著頭，看起來還是覺得很丟臉的樣子。於是我講了一個故事給她聽。

某天，一對雙胞胎男孩和爺爺一同出外。他們穿越樹林，偶然來到一處老舊的畜棚。祖孫三人決定進去一探究竟，結果其中一位男孩劈頭就抱怨說：「爺爺，我們快點出去啦！這裡面全是馬糞的味道，臭死了！」這個男孩站在門邊，滿臉怒氣，因為他腳上的新鞋沾上了馬糞。老人還沒來得及答話，就看見另一個孫子在裡面的欄廄間，興奮地跑來跑去。「你在找什麼呀？」爺爺問另一個小男孩，「為什麼這麼高興啊？」小男孩仰頭對爺爺說：「既然這裡到處都是馬糞，那這附近肯定有匹馬！」

現場一片鴉雀無聲。奧黛莉的眼睛亮了起來，她開始看到自己的恨意所蘊藏的禮物。這種感知上的轉變，也讓她多年來所背負的負面能量得以釋放。奧黛莉瞭解到，她的憎恨是一種防衛機制，目的是保護她與所愛之人之間的界限。雖然這個恨意帶給她莫大的痛苦，但也觸發她探索自己的心靈，促使她找尋真實的自己。

後來還有更多的黃金顯現出來。課程結束後，過了兩個星期，奧黛莉的女兒打電話給她。奧黛莉這時已經開始能夠坦然面對自己，於是決定趁此機會冒險一試，告訴女兒過去這些年來自己對她的感受。奧黛莉說了自己是如何在課程中嘗試接納

內心的憎恨。講完後，她的女兒哭了起來。她哭個不停，宣洩了多年來的痛苦與空虛，而且也講出自己對母親曾懷有過的恨意。心結解開後，她邀母親一同共進午餐。兩人面對面坐著，彼此都能感受到母女之間的特殊連結。她們互相約定，以後不再對彼此隱瞞自己的任何情感，這樣就不會有什麼事情再讓她們關係疏離。

假如奧黛莉沒有鼓起勇氣講出自己的恨意，就不可能得到這樣的療癒。這對母女過去壓抑了太多情緒，只要兩人共處一室，場面就會火爆起來。這股恨意勢必要被抒發和接納，如此才能顯露當中蘊藏的禮物。奧黛莉的恨意之中所帶來禮物是愛。這份禮物讓奧黛莉和女兒擁有一段全新的、美好的、真誠的關係。

我們的每個面向都蘊含著禮物。我們所擁有的每一種情緒與每一項特質，都有助於指引我們踏上領悟與合為一體的道路。我們每個人都有陰影，那是我們真實整體的一部分。我們的陰影是要指出，我們哪裡不完整，教導我們什麼是愛、慈悲和寬恕，不是只有對待他人如此，對我們自己也要如此。而當我們擁抱陰影，它就能療癒我們。不是只有那些遭到我們否認的「黑暗面」會潛入我們陰影的深處。另外還有「明亮的陰影」，我們在那裡埋藏了本身所具有的力量、才能和真實的自己。

我們內心黑暗的部分只有在遭到壓抑和隱匿時，才會真正變得黑暗。當我們把這些黑暗部分帶入意識的光亮之處，並且發掘當中蘊藏的珍寶，它們就會轉變我們，然後我們就自由了。

當陰影得到療癒後，它就會轉化為愛

我在另一個課程中，從一位名叫潘的女子身上清楚見證了這樣的過程。潘看來強悍叛逆，嘴裡嚼著口香糖，額頭上彷彿刺著「去你的」幾個大字。她對所有事情都表示質疑，然而對於接納自己心中的黑暗面，她卻斬釘截鐵地說自己沒有這方面的問題。潘說得沒錯：她的黑暗面就是她的舒適圈。她不介意別人說她憤世嫉俗或機車，她反倒認為這些是恭維。因此當我形容她「內心柔軟」時，她露出一副想吐跟難以置信的神情看著我說：「我？內心柔軟？怎可能！」她壓根兒不認為自己溫柔、貼心或很有女人味。我沒再跟她多說什麼，相信她會在接下來的週末課程裡找到答案。果然在第二天，做完淨化冥想的練習之後，我請幾位學員到大家中間，接

受大家的擁抱。這是我第一次嘗試這種做法，但很明顯，潘和其他幾位學員只呆呆地僵在原地。當大家伸出雙臂擁抱潘時，她整個人崩潰了，傷心痛哭，呼喊著要找媽媽。將近一個多小時，十幾位學員坐在旁邊安慰潘，讓她將多年的痛苦、孤單和悲傷情緒釋放出來。

雖然潘似乎無法止住淚水，但她終於卸下防備，毫無保留地接受大家的愛。後來我才知道，潘是棄嬰，從未見過自己的親生母親，甚至連一張自己嬰孩時期的照片也沒有。事實上，她曾僱用私家偵探，在過去幾年間一直尋找母親的下落。潘到了課程最後一天時，已能接納自己柔軟溫和的一面，所有人都對她的轉變驚嘆不已。一星期後，潘接到私家偵探的消息，並且收到了一張自己嬰孩時期的照片。又過了兩個星期，偵探找到了潘的母親，而潘姆有生以來第一次跟母親講到話。一旦我們擁抱陰影，陰影就能得到療癒。當陰影得到療癒後，它就會轉化為愛。

倘若黃金就在黑暗之中，那麼我們大部分的人都總是在錯的地方尋覓。誠如喬布拉常說的：「每個人的內在都有神祇胚胎，而祂們唯一的想望就是誕生。」我們都渴望看見自己的神性種子開花，但卻都忘了，那些種子需在肥沃土地上才能發芽

茁壯。而我們心中那個黑暗、粗陋、本質所在的地方，就是我們的陰影。這塊土地需要得到接納、關愛和培育，才能讓我們的自我開出花朵。

練習

做這些練習時，請務必專注於當下。所有問題的答案都在你的心中，只是你得要靜心聆聽。騰出一段充裕時間（建議至少撥出一小時），並關掉手機，好讓自己完全投入其中。換上舒適的衣服，坐在家中最舒服的地方。你可以點幾根蠟燭、播放柔和的音樂，培養氣氛。此外，你可以先在旁邊放個自己喜歡的日誌本跟一枝筆，也可以準備錄音機（或錄音筆），先錄好等下練習的步驟，這樣就不必為了看接下來要做什麼，而一直睜開眼睛。

一切就緒後，請閉上眼睛，慢慢深呼吸五次。每次吸氣時在心中默數一到五，接著屏住氣息，同樣也是數到五，然後再從嘴巴緩緩吐氣。運用呼吸來放鬆全身，並將注意力凝聚在呼氣吸氣的過程。這麼做能使心平靜下來。

繼續閉著眼睛。想像自己走進電梯，關上電梯門，按下按鈕，往下七個樓層。想像你正進入自己的意識裡。電梯門打開，你看到的是一座美麗神聖的花園。試著

清楚看到整座花園的樣貌。注意看裡面的樹木、花朵和鳥兒。天空是什麼顏色？是一片萬里無雲的藍天，還是邊邊有朵朵白雲？感受空氣的溫度，感受微風摩娑你的臉頰。你的穿著如何？你穿著自己喜愛的衣物嗎？想像此刻的你神采奕奕，魅力無窮。不妨把鞋子脫下來，赤腳感受大地。腳下是草地，還是沙地？是乾燥，還是潮濕？你是否看見石頭或大理石的小徑？有瀑布或雕像嗎？有動物在那裡嗎？給自己一點時間環顧周遭，注意觀察花園裡還有什麼。

想像了花園的樣貌之後，請在裡面為自己打造一個神聖的冥想之地，你可以隨時來到這裡，找尋自己一直想要找到的答案。花幾分鐘時間探索這個內在的神聖空間，並承諾自己會經常來訪。重新將注意力聚焦於呼吸上頭，慢慢深呼吸五次，讓自己進入更深沉的放鬆狀態。

接下來，依序問自己下面幾個問題，並且好好傾聽你內在的聲音。每問完一個問題之後，可以睜開眼睛一會兒，把答案寫在日誌本。最理想的做法是快速記下來，想到什麼就寫什麼。答案沒有對錯，所以不必有任何顧忌，純粹去感覺和抒發任何需要顯露出來的種種即可。回答完第一個題目後，請閉上眼睛，回到你的花

園，坐在你的冥想位置上。問自己第一道問題前，先慢慢深呼吸兩次。後面的題目也是如此。不用趕，慢慢來。

1. 我最害怕什麼？
2. 我的人生有哪些方面需要改變？
3. 我閱讀這本書是希望達成什麼目標？
4. 我最害怕別人發現我的是什麼？
5. 我最害怕發現自己的是什麼？
6. 我對自己撒過的最大謊言是什麼？
7. 我對別人撒過的最大謊言是什麼？
8. 有什麼會阻礙我努力想要改變自己的人生？

做完這個練習後，不妨給自己一點時間，將所有需要浮現出來的感覺和想法，通通寫在日誌本上。用片刻時間，肯定自己鼓起勇氣、努力做完這個練習，然後進

入到下一章。

第三章　世界就存在於我們內心

「不是我們存在於這個世界之中，而是這個世界存在於我們內心。」第一次聽到這句話時，我一頭霧水。世界怎麼會存在我的內心之中？怎麼可能其他人是活在我的內心？過了很久之後我才明白，實際上存在於我心中的，是構成所有人性的各種屬性與特質，而且每個人的內在都有這麼一個涵蓋全人類的藍圖。宇宙全像模式告訴我們，每一個人都是廣闊宇宙中的小宇宙，每個人都包含了整個宇宙的一切訊息。就像是，如果你把信用卡或駕照上的全像圖剪碎，再用雷射光照射其中的一小塊碎片，就還是會看見完整的圖像。同樣地，如果你去檢視每一個人，就會發現宇宙的全像，而這個宇宙的藍圖就存在於我們的DNA中。

「喬布拉幸福生命中心」（Chopra Center for Well Being）的醫療總監大衛・賽門（David Simon），曾著有《療癒的智慧》（The Wisdom of Healing）一書，

他對於這點是這樣闡釋：「全像圖是顯現在平面膠片上的立體影像。其特點為，用任何一小塊膠片都能創造出完整的立體圖像，也就是說，每一小部分都包含了整體的圖像，這就是全像名稱的由來。同樣的道理，宇宙的每個面向都存在於我們每個人的內心。構成整個宇宙物質的力量，被發現就存在於我們身體裡的每一粒原子之中。我們的每一股DNA都載有生命演化的完整訊息。我們的內在都包含了過去或未來所有可能的思維。領悟到這個真相，就能打開生命之門，達到無限自由。這個真相的領悟，便是真正智慧的基礎。」

當你瞭解，你在別人身上看到的一切特質，其實也存在於你的內心，你的整個世界將會隨之轉變。本書的目的，就是要發掘、接納我們在其他人身上覺得喜愛跟憎恨的一切特質。唯有重新找回這些我們不想要擁有的面向，才能打開內在宇宙的大門。而一旦我們能跟自己和好，自然也就能跟這個世界和好。

既然我們接受了這個事實：我們每一個人的內在都蘊含這宇宙之間的所有特質，那我們就不必再偽裝自己沒有這些特質。我們大多數人都認為自己跟別人不一樣。有些人認為自己比別人優秀，許多人則認為自己不如別人。我們的人生就是被

這些評斷形塑出來，而正是些評斷讓我們會講出「我不像你那樣」這種話。如果你是白人，可能會認為自己跟黑人不同。如果你是非裔美國人，可能會認為自己與亞洲人或拉丁美洲人不一樣。猶太人相信他們跟天主教徒不同，右翼保守派人士相信自己跟左翼自由主義者不同。我們的文化教導我們相信，自己與其他群體有著根本上的差異。我們也從家人和朋友身上學習到偏見。「你跟我不同，因為你很胖，我很瘦；我很聰明，你很笨；我很膽小，你很勇敢；我很被動，你很積極；我講話很大聲，你輕聲細語」。這些看法製造出一種我們各不相同的錯覺，不管外在內在都形成一道道藩籬，讓我們無法接納自己存在的整體性，也使得我們老是在指責別人。

要放下這種分別之心，關鍵在於我們要能理解，以我們所能看到或感知到的一切來說，我們跟別人並沒有什麼不同。假如我們不具有某個特質，就無法在別人身上辨識出這種特質。如果你被某人的勇氣鼓舞，那正是你內在勇氣的一種反映。如果你覺得某人自私，那你肯定也能表現出同等的自私。儘管我們並不會一直都顯露出這些特質，但我們都有能力表現出我們所看到的一切特質。做為全像世界中的一

份子，我們就是我們眼睛所看到的一切，就是我們所批判的一切，就是我們所欽羨的一切。不論膚色、體重或宗教信仰，我們都擁有相同的宇宙特質。就本質上來說，所有人都是一樣的。

要成為完整的人，就要以愛和慈悲看待自己的一切

著名的阿育吠陀醫師維桑特．賴德（Vasant Lad）說：「每一個水滴都蘊藏了整片海洋，每一個細胞都蘊含了整個身體的智慧。」唯有當我們領悟這當中的深遠意義，才能開始瞭解真實自己的巨大浩瀚。人之所以生而平等，是因為我們都具有同樣完整的人類特質。我們都一樣有力量、長處、創造力和慈悲心，一樣有貪婪、慾望、憤怒和軟弱。沒有什麼特質、屬性或面向是我們所不具有的。我們的內在充滿了神聖的亮光、愛與光彩，而且同樣的，也充滿了自私、隱瞞和敵視。本來在我們身上就存在著整個世界；而要成為完整的人，其中一個任務就是要以愛和慈悲看待自己所有的面向。人類的心靈是如此，宇宙的心靈也是如此。對於人應該是何種

樣貌，我們大多數的人都視野狹隘。唯有當我們願意接受我們的人性特質是具有普世性，我們才能不費力地成為自己希望成為的人。

約翰．威爾伍德（John Welwood）在他的著作《愛與覺醒》（Love and Awakening）中，曾用城堡來做類比，藉此說明我們的內在世界是如何。他說，想像你的內在是一座雄偉壯麗的城堡，裡面有長長的走廊和數不盡的房間。每個房間都很完美，而且都蘊藏著特別的禮物。每個房間就代表著你內心一個不同的面向，是這整座美麗城堡不可或缺的一部分。小時候，你會不帶羞愧或批判的眼光，探索城堡裡的每個地方，無所畏懼地去發掘每個房間裡的珍寶與奧祕。那時候，每個房間你都很喜歡，無論是儲藏室、臥室、浴室或地下室。每一個房間都是獨一無二。你的城堡充滿著亮光、愛與驚奇。直到某天，有人來到了你的城堡，跟你說裡頭的某個房間不好，跟你的城堡不搭調。這人建議你，如果你希望自己的城堡完美無缺，最好是把這個房間門鎖上，封閉起來。由於你希望得到別人的愛跟認可，於是立刻把那個房間關閉起來。隨著時間過去，愈來愈多人來到你的城堡，對裡頭的房間發表意見，說喜歡哪個房間、不喜歡哪個房間。於是漸漸地，你鎖上了一扇又一

扇的房門，原本熠熠生輝的房間從此都緊閉起來，不見天日。惡性循環就這麼產生。

從那時起，你出於各式各樣的理由，封閉了城堡內越來越多的房間。你把房門關上，是因為你害怕別人批評，或認為為那些房間太過標新立異，或者太過保守。你把房門關上，是因為你發現別人城堡裡的房間跟你城堡的房間不一樣。你把房門關上，是因為你所信仰的宗教領袖告誡你要遠離某些房間。你把凡是不符合社會規範或你自己理想的房間全關閉起來。

原本城堡看起來遼闊無邊、你的未來無限精彩的日子結束了。你不再以同樣喜愛與讚賞的目光，看待城堡裡的每個房間。曾經你引以為傲的那些房間，如今你巴不得它們消失。你想方設法要拆除這些房間，可是它們內嵌在城堡之中，屬於城堡結構的一部分。不過，既然不喜歡的房間都已鎖起來了，久而久之你也忘了它們的存在。一開始你並沒有察覺到自己在做什麼，就只是成了習慣。由於別人對於宏偉氣派的城堡應該是什麼模樣給你的意見都不一樣，那最簡單的就是完全聽從旁人，而不信任自己內在的聲音；但你的內在自我才是真正愛你這整座城堡。把這些房間

封閉起來確實一開始會帶給你安全感。只是不久後你發現，自己只剩下幾個狹小的房間可住。你早已學會如何封閉生命，而且已經習慣這麼做。我們很多人就是這樣關閉了非常多的房間，多到我們都忘了自己內在曾是一座城堡。我們漸漸相信我們的內在只不過是一個需要整修的兩房小屋。

現在，想像你的內在城堡裡容納了你自己所有的面向，無論好壞，凡是存在於這世上的一切特質，都存在於你的內心。你城堡裡的其中一個房間是愛，一個是勇氣，一個是優雅，一個是慈悲，還有其他無法勝數的房間，像是有創意、溫柔、誠實、正直、健康、自信、性感、力量、怯懦、憎恨、貪婪、冷漠、懶惰、自大、病態、邪惡。每個房間都是構成這座城堡不可或缺的一部分，而且每項特質的房間，都有與之對立的另一個房間存在。值得慶幸的是，我們始終渴望能發揮自己最大的潛能，而這種對自自己的不滿意，會激勵我們去探尋城堡裡所有被遺忘的房間。我們要打開內在城堡裡的所有房門，才能找到自己的獨特性。

以城堡作比喻，可以有助於我們理解自身內在的巨大浩瀚。我們每個人的心中都擁有這塊聖地，只要我們做好準備，願意看見真實自己的全貌，就能輕易進入。

我們大多數人會害怕在這些房間門後發現的東西。所以我們寧可假裝這些房間不存在，也不願踏上這條充滿刺激與驚奇的探索之路、嘗試去發掘那些隱藏的自我面向。惡性循環就這樣一直下去。但如果你真心渴望改變自己的人生，就必須要走進你的內心城堡，慢慢打開每個房間與房門。你必須探索你的內在世界，找回那些你否認的一切。唯有在有完整的自己面前，你才能體認自身的美好，享受人生的完整與獨特。

責備別人的同時，其實是在否認自己的某個面向

我開始去探尋自己的內在世界時，心想這簡直是不可能的任務。我認為這個世界很糟糕，但是我沒有。我不是殺人犯，也不是無家可歸的遊民。我並不是很想發現自己身上其實擁有人性的所有特質。就我所能看到的，我跟那些我看不順眼的人，或是做錯事的人完全不同。因此我的目標就成了要領會外在世界是如何存在於我的內心之中。每當我看見自己不喜歡的人或事時，我就會開始試著告訴自己：

「我也是那樣，我的內心也具有那些特質。」剛開始的一個月，我覺得很失望，因為我真的察覺不出自己身上也有那些「不好」的特質。

直到某次在坐火車的途中，我才有了全然不同的領悟。當時在同一個車廂內，有個女人對著自己的孩子咆哮。我心想我絕不會像她那樣對待自己的小孩，這媽媽真是差勁，竟然在眾目睽睽下責罵孩子。這時我的耳際卻出現一個聲音說：「如果你的小孩把巧克力牛奶打翻在你的白色絲質套裝上，你也會破口大罵。」忽然之間，我領會了箇中道理。我當然有可能會對小孩發脾氣。我只是不願承認，因此當我看見別人爆怒，我就會直接批評對方，而不是以同理心設想。這樣才能把焦點從我身上轉移開來。我終於領悟，每個人表現於外的特質都存在於我的內心，而不是某個人存在於我的內心。我並不是那位在火車上發飆的女人，但我確實擁有她那時所展現的不耐煩與不饒人的特質。

我明白到，對於那些我最嚴厲批評的人，我也是有可能表現出跟他們一樣的行為。顯然，我必須特別注意那些我在別人身上覺得最討厭的特質。我開始承認，那些我討厭的特質，正是我關起來的城堡房間。我必須承認，假如哪天我心情不好，

我也有可能遷怒到孩子身上。再想想無家可歸的遊民，我反問自己：「要是我沒有家人，或是沒受過什麼教育，又不幸失業，我是否可能流落街頭？」答案是肯定的。如果我改變自己人生的遭遇，不難看出我會怎麼做，還有變成什麼樣子。

我嘗試想像自己是各式各樣的人：快樂的、哀傷的、憤怒的、貪婪的、嫉妒的人。我對胖子一向存有偏見，而我的父親恰巧就很胖，讓我很不順眼。突然間，我看待他的方式不同了。我只是生來骨架纖細、新陳代謝快速，但我知道，要是我的代謝變慢，而且老是在吃垃圾食物，我也會變得很胖。不過有幾類人我還是難以想像。比方說，我無法想像自己是殺人犯或強暴犯。我怎麼可能無情地殺人？假設是有人企圖傷害我或我的家人，是不難想像我會殺人，但那些冷血凶殘的謀殺呢？我後來明白，雖然現在我沒有一丁點殺人念頭，但要是我被關在儲藏室十四年，每天飽受毒打，我是否可能冷血殺人？答案是肯定的。這並不是說殺人是可以被容許的行為，只是這樣的設想，讓我能夠真正接納自己成為各種人的可能性。

往後每當我難以想像自己是某種人時，我會先加以拆解。舉例來說，我怎樣都無法想像我會成為戀童癖，於是我問自己，什麼樣的人會和孩童發生性關係？我想

是道德淪喪、恐怖又變態的人吧。接著我會反問自己：「那我有沒有可能成為道德淪喪、恐怖又變態的人？」我試著想像自己可能經歷過最悲慘的童年遭遇，然後我發現，假設我自幼因家暴受虐，並在缺乏愛的環境中成長，那麼我必然會成長為完全不同的人。在這樣的情況下，我永遠無法預料自己可能做出什麼事情或無法做什麼事情。除非是站在對方立場設想，否則別輕易批評他人。雖然有些人格特質我是真的很難接受，但我必須面對我的內在住著魔鬼的可能性。有時候，問題並不在於當下你是否具有某種特質，而是在別種情況下，你是否可能會表現出那樣的特質。

我試著想像自己是各種會令我反感或厭惡的人。雖然某些人讓我特別難以接受，某些人需要經過更長時間才能接受，不過最後我的內心已能坦然接納幾乎所有的人性特質。隨著時間過去，以前在我內心總是肆意批判周遭一切的那個聲音，已經安靜下來。我此生夢寐以求的就是內心平靜，而我現在可以看到這是有可能實現的。我明白，我之所以會去批評別人，是因為他們顯露出的某種特質，是我無法接受自己身上也會有的特質。所以，現在假如遇到有人喜歡炫耀，我不會再像過往那樣動輒批評，因為我知道我自己也有愛現的一面。除非我能百分之百肯定，在任何

情況下我都不會表現出某種行為，否則我不會覺得不爽跟指責別人。當你伸出手，指著別人罵的時候，請注意，雖然你的一根手指頭是指著對方，但其他三根手指是指著自己。這可以做為一種提醒，就是我們在責備他人的同時，其實是在否認自己的某個面向。

一旦我明瞭到，過去我費盡心力就為了不要變成某一類人，那麼隱藏和否認某些部分自己的做法便顯得可笑。倘若你無法瞭解你自己其實就是整個宇宙裡的一個小型宇宙，你將會繼續是以一個單獨的個體存活著。你會想往外在世界、而非往自己的內在尋求答案與方向，而且會對什麼是好、什麼是壞做評判。你會有種錯覺，認為你我之間並沒有真正的連結。你會躲在面具背後，好獲得安全感，覺得放心。然而，如果你能接受宇宙的整體就存在於你的自身當中，你就能接納全體人類。

我們隱藏起來的面向，會對我們現實人生有極大的影響

前陣子我到科羅拉多州，為麥可和瑪麗蓮這對夫妻開設的行銷公司舉辦講座。

我抵達他們的住處後，就和他們一家人外出吃個簡單午飯，順道討論釋放情緒的方法。在吃飯時，我們聊到了每個人的內在都包含了整個宇宙的印記。對於全像理論，麥可和瑪麗蓮也早已很熟悉，並且非常感興趣。但吃完飯後，當我們回到車上時，麥可轉過頭來跟我說：「不過我相信有些特質我沒有。」我聽了並不意外；常有人在認同自己跟別人沒什麼不同後，又這麼說。畢竟我自己也是過來人。於是我問麥可：「那你覺得你不是哪種人？」他回答說：「我不是笨蛋。」我看著後照鏡，與麥可的目光相視，然後說道：「既然你跟別人沒什麼不同，那你當然也不能排除自己是笨蛋。」車內頓時一片死寂，麥可的老婆和孩子不可置信地看著我——我剛才竟然跟麥可說他是笨蛋。然後麥可開始告訴我，他認識的所有笨蛋，還有他跟這些笨蛋是怎樣不同。由於他講起這些人時情緒十分激動，我知道這顯然對他來說是個戳到痛處的話題。

車子繼續往前駛，麥可也講完了他眼中種種笨蛋的行徑。最後我問他：「你自己有沒有做過笨蛋才會做的事情？」他想了想，先是承認確實有，但又再次跟我說，不能把他所做的事情跟他認為的那些笨蛋行徑混為一談，那些人是真的大笨

蛋。我告訴他，笨蛋沒有大小之分，笨蛋就是笨蛋。由於麥可對「笨蛋」這字眼是如此敏感，於是我請他想想，這是不是種訊號，想要傳遞給他什麼訊息。可想而知，那段車程是非常之漫長。

我請麥可至少考慮一下我的看法：笨蛋在某個點上是他一直拒絕接受的自我面向，而現在他有機會尋回這部分的自己。他怎麼可能跟大家都一樣，但又排除自己是笨蛋？再說，笨蛋又怎麼樣？我問麥可的妻子和孩子，要是我戲稱他們是笨蛋，他們會介意嗎？沒有人對這個字眼在意。我再問，他們有誰跟笨蛋相處得很不好？也沒有人。

當我們的車子駛抵他們的住處，每個人都裹得緊緊地下車。此時戶外溫度為零下十八度。我從未遇過這麼冷的天氣，因此整個人凍僵在一旁，哆嗦著等待開門。幾分鐘過去了，麥可翻遍口袋，還回到車上搜找一番，最後才看著我們說：「我好像把鑰匙鎖在屋子裡了。」大家無言半晌後，我問：「什麼樣的人會在零下十八度的低溫，把自己反鎖在家門外？」所有人幾乎是異口同聲地大喊：「笨蛋！」麥可不禁笑了。幸好，瑪麗蓮最後找到了她的鑰匙，我們才得以進門。再一次，我領會

到宇宙幫助我的力量。

身子暖和過來後，我和麥可坐下來，請他試著回想自己是從什麼時候開始決心不要成為笨蛋。他想起小時候他做了某件蠢事，而被嘲笑是笨蛋，從那之後他便暗自發誓再也不讓這種事情發生。他於是關閉了他內心城堡裡的一個房間，因為他認為那是個不好的房間。恰如心靈導師岡瑟．伯納德（Gunther Bernard）的妙言：「我們選擇忘記自己是誰，然後又忘了自己早已經忘記了。」

那些遭到我們自己隱藏的面向，對我們現實人生會有極大的影響。它們彷彿有自己的生命般不受控制，總是試著喚起我們的注意，想要被接受、被整合到我們的自我之中。就像麥可排斥笨蛋，卻在無意間不斷招引笨蛋進入他的人生，這樣他才能感受到這個不被他自己承認的面向。麥可無法原諒自己犯錯，在他眼中，犯錯的人就是笨蛋。他不僅討厭自己「笨蛋」的面向，也看不慣別人有同樣的缺陷。這影響了他管理公司員工的方式。他的下屬覺得他很難相處，有時還不講情理。

我告訴麥可，這個他不想接受的「笨蛋」面向其實蘊含著禮物。我請他先閉上眼睛，聽完我的問題後，把他直覺想到的答案告訴我：他覺得擁有笨蛋的特質會帶

來什麼禮物？他答道，決心。因為麥可不希望被視為蠢材，所以他非常用功讀書，課業成績優異。大學畢業後，又取得碩士學位，然後成為會計師。他工作極為努力，就為了要成為業界的佼佼者，而且就像所有受過良好教育的人士，他對於國內外大事都很熟悉。麥可被自己剛剛脫口而出的話有點嚇到。我問他，如果「笨蛋」賦予了他達成所有人生目標的決心，他是否願意寬容和接納自己的這個部分？他猶豫地說他願意，但他需要一些時間來消化我們之間的對話。

隔天，麥可彷彿變年輕了一般，顯得更有活力。儘管他還是不太確定，是不是應該要去擁有跟關愛那個他稱之為「笨蛋」的面向，畢竟過去近四十年來他是否認自己有這個部分。但經過另一番長談後，他能夠瞭解，因為他不願接受自己愚蠢的這個面向，反而招引了許多行為愚蠢的人進入他的人生。我跟他解釋，這就是心靈法則——宇宙會一直引導我們找回完整的自己。我們忘掉哪些部分的自己，就會吸引有這些特質的人事物，來映照出我們遺忘的自我面向。

我們必須以理解和慈悲，接受自己內在的各種面向。若連我們自己都不願意接受自己，又怎能期望外在世界理解和接納？我們是如何，宇宙就是如何。真正的

「愛自己」必須要深入、滋養自我存在的各個層面。有些人懂得愛自己的內在，但無法多看一眼鏡子裡自己的樣貌。有些人則是投注了大把時間和金錢在外在形象上，結果卻厭惡自己的內在。現在開始就把全部的自己都坦露出來，如此才能做出選擇，有意識地改變生命中不論是內在或外在的各個部分。試著崇拜自己。你的每個部分都蘊含著禮物。關愛與接納完整的自己，你就能夠真正關愛與接納所有的人。

練習

開始練習之前，請把所有會讓你分心的東西都先移除。準備好日誌本、彩色筆跟一枝筆。你可以播放柔和的音樂來幫助自己放鬆。現在請閉上眼，慢慢深呼吸。藉由呼吸讓心平靜下來，準備開始進入練習。再做五次緩慢的深呼吸。

遇見你的神聖自我

再次想像你內心的電梯。走進電梯，往下七層樓。當電梯門打開時，你會看到你那座美麗的花園。漫步花園中，欣賞周遭的花朵樹木。看看翠綠繁茂的樹葉，聞聞濃郁的花香。這是美好的一天，鳥兒啁啾歌唱。注意看看天空的顏色。請記住你在這座花園裡感覺有多麼自在與安心。給自己片刻時間深呼吸，品味你內在神聖花園的美好氣息。找一處安靜的地方坐下，弄個舒適的冥想位置。在這兒你

能感覺到自己處於最好的狀態。記得穿上舒適的衣服，讓你覺得自己很出色、很有魅力。接著，坐下來，閉上眼睛。不久你會覺察到某一個面向的自己來到你的意識之中。這個面向是最好的你，是你這個人全部的整體，充滿了愛與慈悲、力量與優長。這個面向的你正是你的神聖自我。邀請這個卓越傑出的自我完全進入你的意識之中。觀想自己發揮出最高的潛能，感覺祥和寧靜、平穩與圓滿。

現在就請你的神聖自我與你並肩而坐，然後牽起他的手，凝視他的眼睛，問他未來是否會在這裡指引你、保護你。再問問他，你該怎麼做才能敞開心胸、釋放累積許久的情緒毒素。最後，擁抱這個神聖的自我，感謝他來見你，並承諾你會經常探訪他和這座內心的花園。

現在請睜開眼睛，將這段體驗寫下來。比方說，你看到了什麼、花園看起來是什麼樣子、你的模樣和感受為何？還有你的神聖自我看起來是什麼樣子？他跟你說了什麼？慢慢來。你寫得愈多，從中獲得的智慧就愈多。接下來，拿出彩色筆和紙，畫出你的神聖自我。不用擔心畫得好不好，這不是參加圖畫比賽。至少讓自己有五分鐘的時間來畫。

遇見你的陰影自我

閉上眼睛，慢慢深呼吸五次。每次吸氣時在心中默數到五，接著屏住呼吸，屏氣時間依感覺舒服為主，然後盡可能慢慢地吐氣。藉由呼吸靜下心來，同時讓自己進入深層意識。想像你走進電梯，往下七層樓。電梯門打開，你看到一處陰暗骯髒的地方。想像周圍的環境糟糕透頂。留心四處的味道、污穢、垃圾。這裡可能是有老鼠、蛇、蟑螂或蜘蛛出沒的地洞。想像出一個你絕對不會去的地方。繼續慢慢地深呼吸，然後往角落看過去，在那兒，你看見了你所能想像最低下的自己。允許這個最差勁的自己出現在腦海。試著去瞭解與觀察這個自己，比方說，你的樣貌、氣味和感受為何？接著，用一個字眼來形容眼前你所看到的這個人。跟這個人相處一會，瞭解他之後，請睜開眼睛。寫下剛才浮現腦海的字眼，以及你在觀想中體會到的一切。至少寫個十分鐘，盡量表達出你意識裡的想法跟感覺。

神聖自我擁抱陰影自我

閉上眼，重返你的神聖花園。打造一個安心、神聖的練習空間。同樣藉由呼吸讓心靜下來、讓自己進入更深層的意識。接著搭乘你的內在電梯，往下七層樓，來到你的花園。漫步其中，欣賞花園之美。感覺到周圍環境讓你很平靜之後，找到你的冥想之地坐下來。在你感到很自在舒適的時候，請你的神聖自我現身。想像自己沐浴在他的光輝之中。神聖自我出現後，接著輕喚出你的黑暗陰影。請你的神聖自我過來，擁抱你的陰影自我，讓這個充滿關愛的美好自我，將那個可怕、陰暗、不被愛的陰影自我抱在懷中。想像自己把愛、仁慈與寬容傳遞給自己的黑暗自我，同時也告訴他在這裡可以安心，還有你想要花時間理解他、學習去愛他。給自己充足的時間。假如你的陰影自我拒絕被擁抱，也別氣餒。試試每天都進來這麼做，直到他願意接受擁抱。通常我們在這個觀想過程裡會出現抗拒，因此經過大約十分鐘後，可以跟這兩個自我告別，回到現實世界。

拿出彩色筆和一張紙，用五分鐘的時間，將剛才的感受畫出來。完成後，拿出日誌本，寫下這次冥想和繪圖時的感受，至少寫個十分鐘。

第四章　找回真實完整的自己

投射是一種很有趣的心理現象，但學校大多都沒教。投射是指將自己無意識的行為表現不自覺地轉移到別人身上，因此我們會以為這些特質是別人才有的。當我們對自己的情緒、或是某些無法被接受的性格感到焦慮時，出於心理防衛機制，我們會把這些特質歸屬於外在的人事物。例如，當我們無法包容別人的時候，很可能是我們把自己的自卑感歸屬在對方身上。當然，這當中會有某種「鉤子」勾出我們的投射。別人身上某個不完美的特質，會觸發我們的某些自我面向，想要得到我們關注。所以，任何我們自己不想要的特質都會投射到別人身上。

我們會看到的只有我們自己的部分。關於這點，我喜歡用電源插座來比喻。想像你的胸口上有百來個電源插座，每一個插座代表一種性格特質。那些你承認擁有且坦然接納的特質，都加裝了安全保護蓋。它們都很安全，因為不會有電流通過。

但那些我們不喜歡的、也就是還無法承認擁有的特質隨時會導電。於是當別人恰巧表現出這些特質時，就會像是把插頭插入我們胸口上沒有安全蓋的插座。舉例來說，假設我們否認或是難以接受自己生氣，我們就會吸引愛生氣的人進入我們的人生。我們會壓抑自己的怒氣，批評別人愛亂發脾氣。由於我們隱瞞自己的內在情緒，所以唯一能讓自己看到它們的方式就是從別人身上看到。我們周遭的人就像鏡子般，會映照出我們隱藏的情緒和感覺，藉此讓我們能察覺與找回它們。

我們出於本能會逃避自己的負面投射。畢竟檢視吸引人的特質要比檢視討人厭的特質容易一些。倘若我對某人的傲慢自大心生不悅，那是因為我沒有接納自己的傲慢。我要嘛是現在在自己人生裡展露了傲慢的特質卻不自知，不然就是我不承認自己往後有可能會表現出傲慢的特質。如果我被別人的高傲惹惱，那我就應該徹底檢視自己的人生，反問自己以下這些問題：過去我有很傲慢嗎？現在我是否很傲慢？未來我有可能表現得很傲慢嗎？對於這些問題，假使我沒有深刻自省，或是詢問別人是否覺得過我很傲慢，我就直接否認，那麼很肯定我就是傲慢。批評他人的行為也是一種傲慢的表現，因此顯然我們每個人都有可能是自大傲慢。如果我能夠

接納自己的傲慢，我就不會被別人同樣的特質惹惱。我或許會注意到有人很傲慢，但不會受到影響。只有在你欺騙自己，或是痛恨自己的某個面向時，別人的行為才會觸發你的情緒。

接納自己的某個特質，其他有同樣特質的人就不會再惹毛你

我剛開始擔任課程講師的時候很緊張。每個星期我站在大家面前，都得盡可能克服自己緊張的情緒。我很害怕大家不喜歡我的課，所以努力表現出最真誠的自己。當時我是在加州奧克蘭開課，班上有三分之二的學員是非裔美國人。我很高興能接觸新的群體，並且也全心全意想幫助學員實現目標。我記得課程進行到第三堂時，一位名叫艾琳娜的學員站起來，語氣尖銳地分享她的想法。她一開口說話，我的心底立刻湧出一股強烈情緒。我甚至無法認真聽她在講什麼，因為我實在感覺很火大。我心想，要是這女人是存心找碴，那她最好給我閉嘴坐下。我竟然會對學員有這麼大的情緒，真的很不尋常。我沮喪地回到家，想試著接納自己這些特質，也

就是我在這女人身上看到的：討人厭的嘴臉、忿怒生氣、咄咄逼人、尖酸刻薄的特質。

在接下來的四個星期，我每次上課時，艾琳娜都會起身發言，態度傲慢，語氣很嗆。我私底下花了很多時間想弄清楚為什麼這女人總是令我很不爽，但無論我怎麼努力，還是忍不住想批評她。有一天，我實在沒辦法了，於是打電話給這個課程中跟我比較親近的學員蘇珊，問她為什麼艾琳娜討厭我。蘇珊說：「黛比，妳別跟她計較。她就是個種族主義者。」講完電話後，我覺得不舒服，很無力。我旋即肯定地告訴自己：「我絕不是個種族主義者。」我想起小時候認識的黑人朋友們。我記得我還教他們游泳，一起賽跑。我想起我的父親，以及他是如何為民權運動奮鬥（他是佛羅里達州第一個聘用黑人律師合夥人的人）。我很確信，我不是種族主義者。

那天夜裡，我躺在床上想下一堂課的內容，耳邊卻不斷響起蘇珊說的話：「她就是個種族主義者。」就在我快要睡著時，我的腦中閃過一個聲音問道：「艾琳娜第一次站起來發言，讓妳覺得很不舒服時，妳是怎麼想她這個人？」我感到胸口沉

悶，很害怕最糟糕的狀況出現。我記得，當時我在心裡想的是：妳這個愚蠢的黑婊子。這幾個字在我心裡一直迴響。我心想：「不會吧？我並不是種族主義者啊。我不會有那種想法才對。我真的不是這樣想。」我感到恐懼，心怦怦狂跳。但是我坐起身來，正視自己講出那種種族歧視的話。這是我心中的陰影。

我羞愧哭泣了很久，深深覺得自己背叛了在奧克蘭那裡喜歡我、信任我的朋友們。不管我怎麼努力，我都無法接受自己是個種族主義者。我對於「我們內在擁有所有的人性特質」的信念，全被拋到九霄雲外。我花了很長時間對著鏡子說：「我是種族主義者、我是種族主義者，」試著接受和撫慰這部分的自己。

我不斷重複講出這句話，漸漸比較能夠坦然面對，我知道這當中蘊藏了禮物，於是開始試著去探尋。我想起我的父親過去老是在講平權，他說，除非我們能體認到人人平等，否則沒有人能享有真正的自由。父親在這個議題上的熱忱，早已影響了我。我明白，正是因為我排斥成為種族主義者，所以我才會特別努力與非裔美國人做朋友，而且那也賦予了我某種使命感，要支持那些受到歧視的人。那時候，我也積極在為一個名為「監獄更生」的組織募款，幫助處於社會弱勢的受刑人改變人

生。當我最終能擁抱自己是個「種族主義者」的面向後，整個人感覺像是卸下了千斤重擔。

隔天晚上去上課時，我感到自己是完整的，而且充滿希望。上課上到一半時，艾琳娜一如往常舉起手。我有點遲疑，但還是請她分享。當時我們正談論到下一期的課程，因此艾琳娜會講什麼尤其令我緊張。我是很希望每一位學員都能繼續參加。艾琳娜站了起來，面帶微笑地說：「這是很棒的課程。」接著，她與大家分享她在這段期間突破自我的經驗。艾琳娜坐下時，我詫異不已。

在開車回家的路上，我一直想著艾琳娜為什麼有這麼大的轉變。我想我還是別開心得太早，決定再等等，看看下星期的情況。到了下星期，我一邊上課，一邊等著艾琳娜舉手發言。艾琳娜站起來了，她再次肯定這個課深刻改變了自己的人生。接著她也對我的用心教導和付出表示肯定。當晚課程結束後，我留下來和幾位學員談話，眼角餘光瞥見艾琳娜在旁邊和朋友聊天。我轉向她，看著她問道：「妳怎麼了？」她看著我說：「我也不知道。上個禮拜我走進教室，就覺得我其實還蠻喜歡妳的。」

這次的經歷改變了我，而且再次證明了，當你接納自己內在的某個特質，其他有同樣特質的人就不會再惹毛你。然後別人就能夠很自在地跟你相處，你也能自在地跟對方相處。

影響到你的情緒的，會是幫助你成長的催化劑

肯恩．威爾伯（Ken Wilber）在《認識陰影》（Meeting the Shadow）這本書中，對於如何辨別「投射」，做了清楚的說明。他說：「在『自我層次』上的投射非常容易辨識：如果我們旁邊有人或是有某件事在『告知』我們什麼，那麼我們應該並不是在投射；然而，假使這會『影響』到我們的情緒，那很有可能我們是自己投射的受害者。」假如你真正懂得箇中道理，就會以不同的角度看待這個世界。你可以用這個方式來想：假設有人經過你旁邊，然後把痰吐在人行道上，你注意到了，但沒有什麼感覺，那麼這或許並非你需要努力的課題。但要是你大為光火，心想怎麼會有人這麼噁心、沒水準，那就是在投射。很可能你現在或是以前也有某種

令人覺得噁心的行為。出於某種原因，你覺得這種噁心的行為是不對的，因此別人的吐痰行徑就會影響到你。可能你在小時候就已經這麼覺得。或許是你以前真的隨地吐痰過，然後被旁人罵「這樣很噁心」。或者是你的家人吐痰，結果引起別人反感。不管是哪種情況，你決定再也不要做這種事，並且把這個面向的自我藏在意識深處。如果別人的吐痰行為影響到你，那便是觸發了你的內在警示系統，而這些警示，正是揭露你內在黑暗面的線索。謹記這個觀念，你就能將影響你情緒的事情視為幫助你成長的催化劑，讓你有機會重新尋回被隱藏的自我面向。

讀至此處，很多人或許會想：「瘋了嗎？我才不想發覺自己讓人厭惡或覺得傲慢的一面。」別忘了，這些自我的面向都蘊藏著禮物。但是，若要獲得當中的禮物，你首先要揭露、承認擁有，以及接納這些自我面向。有一個蘇菲教派的故事是在講某位哲學家跟蘇菲教派的智慧導師那斯魯丁（Nasrudin）相約辯論。哲學家準時赴約，卻發現那斯魯丁不在家。盛怒之下，他拿起粉筆在那斯魯丁的家門口寫下「蠢材」兩個字。那斯魯丁回到家，看見門上的字後立刻前去找哲學家。「我忘了你要來訪，」那斯魯丁說道，「對不起，我失約了。但多虧你把你的名字寫在我家

門上，我一看到就馬上想起來了。」

我們因他人行為而激起的憤懣情緒，往往反映出自身還未能接納的面向。當我們講別人、批評或勸告他人的時候，如果我們能仔細聽聽我們嘴巴說出的每一句話，那我們應該把這些話全都反過來對自己說。上述的哲學家是可以隨手寫下「無禮傢伙」、「自私騙子」或「卑鄙懦夫」等。或者，他可以換個完全不同的角度思考，擔心那斯魯丁是否遇到意外而受傷，或是生病了。但是當他發現那斯魯丁不在家，浮現在他心裡的卻是「蠢材」。當我們自身的某個特質沒有安全保護蓋時，就會吸引各種事件幫助我們擁有和接納這個被否認的部分。就如同那斯魯丁失約影響到哲學家的情緒，他因此投射出「蠢材」這個他否認的自我面向。

我們會把自身認為的缺點投射到別人身上。我們對他人所說的，其實應該是要對自己說。我們批評他人的同時，其實是在批評自己。如果你總是以負面想法苛責自己，你要嘛一樣會苛責身邊的人（無論是在言語、情感或身體上），要嘛是摧毀自己人生的某些部分，然後怪罪自己。你表現出來的言行舉止絕非偶然。你所創造的人生裡，一切都不是偶然。在全像世界中，每一個人都是你，而你等於永遠都是

在講你自己。

當你因為別人犯錯而加以譴責時，請停下來想一想，同樣的指責是否也能套用在你自己身上。如果你夠誠實，你的回答應該是肯定的。外在世界宛如一面巨大的鏡子，總是會反照出我們內在的部分。每一項特質都有它存在的理由，而且所有的特質都有其獨特美好之處。

收回自我的投射，解決自己隱藏起來的問題

前一陣子我發現自己會去問別人多久靜坐冥想一次，還有會花多久時間。接著我會提醒他們每日冥想的重要性，以及每天至少要花半小時深入內心。後來，我反問自己，為何我這麼執意要去管別人有沒有冥想。我審視自己的動機後，才發現我經常省略自己的冥想練習。某部分的我其實渴望投入更多時間進入內心，感受平靜。因為我有個三歲孩子，所以每次略過日常的冥想練習時，我就會合理地認為這樣是沒關係的。當我明白，我叫他人去做的事，其實是對自己的提醒時，我就能收

回我的投射，並且尊重我自己無意識裡的渴望。於是我更常常去練習冥想，也不再督促別人去做我自己需要做的事情。這就是我常說的：反求諸己。當我審視了自己要求別人冥想的動機後，我才發現自己真正的需求是什麼。

我們的陰影往往藏得極為隱密，幾乎讓人難以察覺。若沒有投射現象，我們可能終其一生都無法發現它們。有些人打從三、四歲時，就把這些面向埋藏起來。想像小時候你在家玩，然後把一枚硬幣藏了起來。經過二十年、三十年或四十年後，你應該不可能會記得這件事情，更別說想起硬幣藏在哪裡。但當我們投射到其他人身上，我們是有機會找到那個硬幣。

話說每回我的姪女從達拉斯來我家時，我都會格外注意她們的飲食。要是我們一起出去吃飯，我都會叫她們選擇低脂食物，還有，要是我覺得她們已經吃太多了，就會阻止她們點她們熱愛的甜點。通常我會提議等下再去另外買低脂類的甜點。上次她們來我家玩，我們在廚房聊天，講到了我們會把什麼投射到家人親戚身上的這個話題。我們輪流分享，笑談是誰會受到我們的負面投射。輪到我講的時候，我突然意識到，我老愛管自己姪女的飲食習慣，其實是我的自我投射。我其實

不喜歡自己吃得很不健康，所以每次她們來我家時，我都表現出一副自己吃得很健康的樣子，而她們都吃得不對。我因為又高又瘦，所以能夠讓她們誤以為我吃得很健康，可實際上並不是那麼回事。但當我察覺到這是我的問題，跟她們無關之後，我便得以去解決真正的問題。這讓我可以跟姪女們相處愉快。突然間，她們要吃什麼就對我一點也不重要。我們可以就是一起出去，和樂融融地在一塊。

自由是能夠在生命中選擇自己想成為怎樣的人

你不能只審視自己人生的失敗之處，而是要試著發掘所有你欺瞞自己的地方。我常遇到大家會隱藏起來的一個問題是，我們會極力避免在某些方面像自己父親或母親。如果你覺得自己的母親很嚴厲，你可能很會變得很溫和。如果你是在貧苦的家庭中長大，你可能會汲汲營營想成為有錢人。如果你覺得自己的父母很強勢，你可能會很消極被動，或者過於縱容他人的行為。如果你的父親在外面拈花惹草，你可能就會很忠於婚姻。如果你覺得自己的父親或母親很懶散，你可能會成為工作

狂。我可以舉的例子還很多，但這當中的重點是：我們對於父母所做出的反向表現，往往只是一種自我掩飾。

荷莉是我的一位個案，她非常討厭自己的父親，因為他很小氣。荷莉成年後努力避免自己變得小氣，因此她會買昂貴的禮物送給家人，也三不五時約朋友出去吃飯、看表演，所有花費都由她買單。荷莉對自己的慷慨大方非常自豪。我告訴她，她必須要坦然接納她內在想要省錢的衝動，如此才能寬恕父親，放下對父親的憎恨，但荷莉始終不願意用這種方式檢視自己。我們談了好幾個星期，她依然強調自己對所有人都很慷慨大方。直到某天，荷莉從超市打電話給我。她說，她發現，自己剛才竟為了想省下幾毛錢，竟然逛了將近一小時，在那裡看各種物品，比較價錢跟裡面的份量。這讓她難以置信，因為她會毫不猶豫花五百美元買一件毛衣，但她竟不肯多花二十美分錢買一盒舒潔衛生紙。突然間，荷莉覺察到自己的行為就跟父親一樣，只是兩人表現方式不同而已。荷莉發覺到這個面向的自己，讓她非常頗受打擊，不由得哭了起來。她可是花了那麼大的力氣不想成為像父親那樣的人。這麼多年來，她已經把自己想要省錢的面向隱藏起來，而忽然間，她清楚看見自己這個

面向就存在於內心裡。

經過一段時間後，荷莉能夠領會小氣這個特質所蘊藏的禮物。對荷莉來說，「小氣」這個面向能促使她為未來規劃，並為退休投資理財。在此之前，她只想著不要跟父親一樣，因此完全沒在存錢。另一方面，現在她也能比較接受父親的性格，兩人的關係變得比從前親近許多。

所謂的自由，是能夠在生命中的任何時刻選擇自己想成為怎樣的人。但假使你必須表現出某些行為來避免變成某種你不喜歡的樣子，你就被束縛住了。你等於限縮了自己的自由，剝奪了自己的完整性。比方說，如果你無法接受自己懶惰，你就不可能是自由的。如果遇到不愉快的事情時不允許自己生氣，你就不可能是自由的。如果你都是以相反的態度面對別人的某種行為，不妨先質疑自己。如果你老是看某一群人不順眼，請試著找找看裡頭自己與他們的相似之處。我們不只會把負面特質投射到別人身上，也會把正面特質投射到別人身上。我的不少個案都投射出他們的天賦與創造力，還有他們的成功與力量。如果你想要成為像別人那樣的人，那是因為你的內在擁有像他們那樣的能力。如果你被名人偶像所吸引，花了不少時間

和金錢關注他們的生活，那不妨在你的內心找找看，你喜愛他們身上的某個特質是否也在那裡。

我們都需要成為自己的英雄

你值得擁有你所看到、且真心渴望的一切。你跟你所崇拜的人之間唯一的差別，僅在於他們展現出你渴望擁有的其中某些特質，而且他們充分實現了自己的夢想。如果你還未完全發揮出自身的潛能，你就很容易將自己的正面特質投射到那些充分展現出這些特質的人身上。當你開始實現自己的夢想和目標時，你就會對別人的所作所為沒什麼太大興趣。我們每一個人都需要成為自己的英雄。而唯一的方法，就是收回自己投射到別人身上的面向、那些我們捨棄不要的部分。

瑞秋是將我的陰影課程推廣到邁阿密的一位伙伴，我與她共事了將近一年的時間。瑞秋年輕貌美，而且聰明，很有才能。我們每次在一塊時，瑞秋總是會特別感謝和讚美我。她老是誇我有多麼美麗、聰明、天賦異稟，簡直把我捧上了天。儘管

我知道她是真心喜歡我、尊敬我，但我也知道，她是把她自身的美麗、聰明和才能投射到我身上。

我清楚感受到這當中的投射，所以我沒有接受她的溢美之詞，而是引導她找回那些她否認自己擁有的美麗、聰明和才能。我們談了很多次之後，瑞秋顯然認為我具備某些她所缺乏的美好特質。我向她保證事實並非如此，同時也請她思索並明確指出她覺得「我有、她沒有」的面向。我們知道，投射是發生於某人在情緒上受到他人行為影響的時候，無論這種影響是正面還是負面。就瑞秋的情況來說，她受到我的正面特質影響。她從我身上看見了她自己的可能性。我成了她的鏡子。由於她還未發揮出自己內心渴望獲得的潛能，因此只能透過我，才能看見自己的明亮陰影。如此也使得瑞秋陷入某種困境。假設我走出她的生活，她的某些部分自我就會消失：它們又會回到她的內心暗處，直到她找到另一個投射對象為止。那些我表現出來令她讚賞不已的特質，只不過是反照出她自身具有的潛能罷了。

只要我們否認自己身上某些特質的存在，我們就會繼續深信「別人有我所沒有」的迷思。當我們崇拜他人的同時，也正是發覺自己另一個面向的契機。我們不

僅要收回自己負面的投射，也要收回自己正面的投射。我們應該要拔起我們插在他人身上的插頭，重新插回到自己身上。當我們能收回自己的投射，才能看見自身擁有的全部潛能，也才能經驗完整的真實自我。

假如我對金恩博士的勇氣敬仰不已，那是因為我看見了自己也能夠在人生中表現出同等的勇氣。假如我崇拜歐普拉的影響力，那是因為我看見了自己也能夠在人生中具有同等的影響力。絕大多數的人都將自身的偉大投射到別人身上。這是為什麼影視名人跟運動明星能賺這麼多錢的原因。我們等於是在掏錢請他們成為我們的英雄，實現我們自己未能完成的夢想與渴望。人們欽羨這些明星，卻對他們真正的生活一無所知。大家只是迷失在自己偶像的人生之中，以此做為逃避自己人生的一種方式。真正更深層的真相是，人們只是將自己的某個面向投射到他們的英雄身上。如果你看到別人身上有什麼了不起的地方，其實你看到的是自己了不起的地方。請閉上眼睛，仔細想想：如果你羨慕別人的了不起之處，那你看到的其實是你自己的了不起之處。或許你是用不同的方式發揮出來，但如果你的內在不具有偉大的潛能，你是無法辨識出別人身上的那個偉大特質。如果你的內心不具有那個特

質，你就不會被此特質吸引。每個人看待別人的方式都不相同，因為每個人都是各自投射出自己的某些面向到別人身上。我們的任務就是要先弄清楚，別人的什麼特質激勵了我們，然後收回那些被我們捨棄的面向。

人們往往會納悶，我怎麼可能成為像自己崇拜對象那樣的人，畢竟就此時此刻來看，那些人的人生看起來跟自己的人生是天壤之別。比方說，有些人會說自己崇拜米開朗基羅，可是他們確信自己不可能成為像他那樣的偉大人物。然而，他們真正要做的是，把焦點放在那些激勵自己想要成為米開朗基羅的特質上。如果是還未發揮潛能的藝術家，那或許是米開朗基羅的藝術才華。也或者有人崇拜的是米開朗基羅的勇氣、創造力或天賦。他們的才華或許不在藝術上，但他們有能力在自己的獨特天賦上（也許是音樂、攝影或園藝方面）表現出同樣的偉大、創意和勇氣。

你內在的所有渴望都在等待著你去發現與顯化。任何激勵你的，都會是你內在的一個面向。精確辨識出你欣賞他人的是什麼特質，然後找出你內在的這個部分。假如你渴望做某件事，那是因為你具有這個潛能，能夠把自己所看到的實現出來。喬布拉說：「每一個渴求都包含了使其實現的機制。」他的意思是指，我們擁有實

現夢想的能力。如果我們沒有能力去做某件事情或擁有某樣事物，我們就不會發自內心渴望它。就這麼簡單。歌德曾說過：「如果我們可以想像出來，並且深信不疑，我們就能夠實現。」但困難的地方在於，我們得要戰勝自己的恐懼。恐懼會阻礙我們，跟我們說我們不夠好，或不配。這世上每一個人都是獨一無二的，每一個人的渴望、才能或經歷都不相同。你有屬於你自己個人的獨特方式。你的任務就是要發掘出你獨特的天賦才能，以自己獨特的方式發揮展現。

你對別人的批評，可能正是你的內在黑暗面

幾個月前，我的友人南希來找我，她陷入低潮狀態已經好幾年了。我邀她一同去聽某位知名勵志演說家的演講。聽演講的過程中，我們都保持靜默，同時我非常認真在做筆記。結束後我們要開車回家時，南希轉頭對我說：「那傢伙簡直是個廢物。」我很驚訝，問她為什麼會這麼認為。她說，她覺得這人根本是在胡說八道，不知所云，而且講話速度太快，一臉討人厭的樣子。一路上南希不斷批評那位演說

家的態度和演講內容。回到家後，我招呼她一起坐下，問她是否真的覺得那人是個廢物。南希以萬分肯定的眼神盯著我，說她真的這麼認為。於是我拿出一張紙，問她願不願意和我一起探究此事。她想了想，決定參與。

我在紙上的一邊寫下關於這位演說家我所知道的一切。他在《財星》五百大企業裡擔任顧問，事業很成功。他的有聲書銷量驚人，而且他的一場演講費超過五千美元。他已結婚二十多年，有三個健康的孩子。我在紙上的另一邊寫下我對南希的了解。她離婚、沒有子女。她與家人幾乎沒什麼聯繫。她現在失業，過去創業數次都失敗。她體重過重，身材走樣，同時有好幾種病痛纏身。她負債超過五萬美元，目前生活拮据。南希仔細看著我列出的兩人對照表。我接著問：「假如我把這張表拿給十個人看，妳覺得他們會認為誰才是廢物？」

起初，南希默不作聲，對於我說她才是廢物顯得有些嚇到。這無異是她最可怕的夢魘。但我向她解釋，除非她承認自己有這個面向，否則她永遠會把這部分投射到其他人身上。她會無法聽進別人傳達的重要訊息，因為她一直把自己所否認的想法投射到他人身上。聊了幾個小時之後，南希開始能明白，她在內心深處其實認為

自己是個廢物。這個想法令她實在太痛苦了，只能深深埋藏在心底。她父親曾說她會一事無成，而她就真的這麼相信。打從童年時候開始，她就無意識間不斷在人生裡創造一個又一個情境，來證明自己是廢物，好讓她找回這個自己一直否認的面向。外在的世界會一直反照出她這個部分，但她會抗拒接受，這個循環就會一直下去。一旦她認知到自己認為自己是廢物的想法，那她就能試著去探尋這個面向所蘊藏的禮物，並且坦然接納它。此外，南希也能藉此看清她是如何看衰自己，下定決心尊重自己內在的這個廢物，讓自己內在的贏家創造豐盛的人生。後來，南希開創了新的職業生涯，在個人生活和財務上都非常成功。

有句俗話說：「半斤八兩，彼此彼此。」我們會在別人身上看見自己喜歡與不喜歡的面向。如果我們能接納所有這些面向，我們就能以他人的本來面目看待他人，而不是透過我們的自我投射，在迷霧中看待對方。還有一句古諺說，這世上有三大奧秘，那就是鳥對於天、魚對於水、人對於自己。我們能看見眼前外在世界的一切，只需張開眼睛，環顧周遭即可。但我們無法看到自己。我們需要一面鏡子，才能看見自己，而你我就是彼此的鏡子。

練習

1. 用一星期的時間，觀察自己對他人的批評。每當你對別人的行為覺得不爽，寫下對方身上最惹你生氣的特質。此外，也寫下你對跟你最親近的人（包括朋友、家人和同事）有什麼看法。

這份清單代表你開始發掘自己隱藏於內在的面向。你在開始接納內在陰影的過程中，也可以參考這份清單。

2. 寫下你對別人的勸告。你會給予別人哪些建議，讓他們的人生過得更好？

想想看，你給他人的建議，是否正好可以套用在自己身上？有時候，我們告訴別人要做什麼，其實是提醒自己需要做什麼。請瞭解，你給別人的建議，可能正

是你對自己的提醒。

第五章　認識陰影，認識自己

我們每個人的內在都存著黃金寶藏。這個黃金寶藏的本質就是我們的靈性，純淨美好、自由開闊，而且光芒閃耀。只是，這份珍寶長久以來被一層堅硬的泥土外殼覆蓋。這層泥土源自我們的恐懼，是我們面對外在世界的社交面具。揭露陰影，就能揭開面具。我們必須懷抱關愛與慈悲檢視這個面具，因為瞭解自己究竟在面具背後隱藏了什麼，會非常值得的。

請想想這則金佛故事蘊藏的深意。一九五七年，泰國某間寺院進行搬遷，一群僧侶負責搬移一座龐大的泥塑佛像。在搬動的過程中，一位僧侶發現佛像身上出現了一道裂痕。僧侶們擔心會損毀佛像，於是決定過一天再來搬運。那天夜裡，一名僧侶前去查看佛像狀況。他拿著手電筒照遍佛像。當他照到那處裂痕時，發現有什麼反射出來。在好奇心驅使下，他拿了一把鐵鎚和鑿子，開始鑿開在佛像身上的泥

土。隨著泥塊一片一片被敲落，佛像顯得愈來越明亮。數個小時之後，僧侶驚訝地抬頭看見，眼前佇立的竟是一尊巨大的金佛。

許多歷史學家認為，這座佛像是幾百年前在緬甸軍隊進攻之前，被當時的泰國僧侶裹上了一層泥土，以免被盜走。在那次入侵之中，僧侶們全遭殺害，因此直到一九五七年廟方搬移佛像，才赫然發現佛像原來是金身。就如同那座佛像一樣，面對外在世界，我們的外殼可以保護我們，而真正的寶藏就隱藏在我們的內心裡面。我們總是不知不覺地將自己內在的黃金埋藏在一層泥土底下。要發掘出我們內在的黃金，我們只需拿出勇氣，一點一點敲開我們身上的外殼。

在我的課程中，我經常遇到一些學員已投入多年時間參加治療課程、成長轉變課程、呼吸方法，以及其他療癒方式。他們想問的都是：「何時才能結束？我何時才能完成療癒？我究竟在那個一再出現的問題上還要再下多少工夫？」這些人並沒有把自己看做是裹上泥巴外殼的宏偉佛像。他們憎惡自己的外殼，因此沒有發覺到這層外殼給予他們的保護，遠遠超乎他們所能想像。我們基於很多原因需要這層外殼，而且每個人的原因都不盡相同。儘管我們的最終目標是卸下外殼，但我們首先

需要理解與接受它的存在。試想，當僧侶敲落金佛身上所有的泥塊時，難道佛陀會生氣地說，我真是恨透了這可怕的外殼？還是，佛陀會慶幸有這層泥巴外殼的保護，才得以免於從寺廟被盜走？

瞭解完整的自己，就不再需要外殼的保護

年輕時，我的外殼是強悍、冷淡，對他人漠不關心。我嘴巴上說「一切都沒問題」，實際上是要遮掩自己的自卑感，讓自己活在一個以為自己很好的假象中。當我一點一點地鑿開我的外殼，我那發亮的內在本質才開始逐漸顯現。然而，要等到我能夠辨識出那些構成我外殼的面向，理解這個外殼是為了掩蓋許多被我壓抑的情感，我才能真正看穿自己的強悍外表。一旦我從外殼的裂隙往內觀看，我就能放下自己的外殼。而當我懂得感激和尊重這層堅硬外殼帶給我的保護，我的人生也隨之轉變。

你的外殼，就是面對外在世界的那個你。它掩蓋了構成你內心陰影的性格特

質。我們的陰影被如此掩藏得好好的，使得我們常以某一種樣貌展現於他人面前，但實際上，真正在我們內心的卻是恰好相反的樣貌。有些人披著強悍的外殼來掩飾內心的敏感，或是戴上幽默的面具來遮掩自己的悲傷。裝做什麼都知道的人通常是在掩蓋自己內心覺得愚笨的感受，而自大傲慢的人則是在隱藏自己的不安全感。看起來很酷的人其實在掩飾自己是個怪咖，而在笑容可掬的面孔下，則是壓抑了憤怒的情緒。我們必須看穿自己的社交面具，才能發掘出面具底下真實的自己。我們都是偽裝高手，不僅騙了他人，也騙了自己。就是這個我們自己告訴自己的謊言必須要被拆穿。當我們對人生感到不是很滿意、不快樂、身體不健康，或是無法實踐夢想的時候，我們知道，是這些謊言在從中作梗。這是我們辨識出內心陰影在產生影響的方式。

轉變的關鍵在於感知。你必須把你的外殼看做是提供保護作用，而非只是阻礙你實現夢想的絆腳石。你的外殼是上天設計，在你追求靈性的過程用來引導你。藉由重新審視與探索所有促使你打造那副外殼的原因（包括事件、情緒和經驗），你會被引導回歸自己的內心，擁抱完整的自我。外殼就是我們個人成長的藍圖。它們

是由我們的所有部分構成，其中也包含所有我們不想成為的部分。無論過去或當下的經驗有多麼痛苦，只要你誠實地檢視自己，並且用存放在外殼裡的訊息做為指引，它將引領你踏上領悟的旅程。

當你瞭解了完整的自己，就不再需要外殼的保護。你自然而然就會允許自己的面具脫落，對外在世界展現真實的自己。你也無須再佯裝自己高人一等或矮人一截。世界上的每一個人跟你都是平等的。我們的外殼來自於「自我的理想」。而這個「自我」會將「真我」與他人區別。靈性是會將「真我」與他人融滙為一體。當靈性與「真我」合一的時候，我們不僅與自己合而為一，也與外在世界合而為一。大部分的人之所以無法做到深入揭露自己的陰影，是因為不願誠實面對自己。「自我」不喜歡失去掌控權。然而，當你無論好壞接納自己所有的面向，你的「自我」就會開始覺得力量漸失。索甲仁波切在其著作《西藏生死書》中解釋道：

「自我」是虛假、無知假定的自己。因此，「自我」無法瞭解自己本來面目，其後果乃是：我們不惜一切代價，執迷緊抓住某些拼湊而成、替代使用的自我形

象，但那終究是個不斷變來變去、欺世盜名的自己，而且還必須維持它虛妄的存在。

如果你開始揭露自己的陰影，你的內心會出現一個聲音吶喊著，要你別這麼做，請謹記，那只不過是你的自我在害怕消亡罷了。請允許你自己發掘你的真我。請挑戰那個你認為是你自己的人，來揭露出你真正能夠成為的那個人。

以他人為鏡子，會有助於你拆穿自己的面具。不妨詢問你身邊的人，像是朋友、戀人、家人、同事，請他們說出，關於你這個人，他們最喜歡以及最不喜歡的三件事情。很重要的是，要讓你詢問的人知道，他們可以坦白講出來沒關係。你是唯一可以讓他們安心說真話的人。看看你在別人眼中的樣貌，跟你對你自己顯現的樣貌是否一致。別人通常會比我們自個看出更多我們身上的優點，同時他們看到的缺點，也會比我們自己看到或願意承認的缺點還要來得多。

人們往往會抗拒這種練習，因為害怕受到批評。「批評」這個字眼難免給人有負面印象，所以我傾向採用「回饋」一詞。回饋是很有用的工具。我們可以不必完

全採信別人對我們的看法，但如果我們害怕從自己最親近的人口中說出真話，那就得要有所警覺了。大部分的人都害怕聽到自己最恐懼面對的事情。這是否認的心態在作祟。不妨把「否認」（denial）看做是「別發現我在說謊」（Don't Even Notice I Am Lying）的字首簡寫。唯有當我們在某種程度上知道自己一直在欺騙自己時，我們才會畏懼別人的回饋。如果你真的覺得別人對你的看法毫無事實根據，你不會放在心上。只有我們在欺騙自己且遭人揭穿的時候，我們才會在意。

讓真實的自己顯露出來，我們就自由了

凱特是我的一位個案，我要求她做這個練習，結果她詢問的人當中，有很多人說她不老實。凱特十分不解，因為就她自己看來，她這輩子都竭盡所能地做一個誠實的人。我瞭解這個練習是怎麼發揮作用，很確定她身邊的人察覺到她有某個面向，是她對自己早已掩藏起來的。於是，我請她閉上眼睛，然後跟著我問的問題，讓心中的圖像自由浮現。我們一起做了幾次深呼吸，接著我播放音樂，開始引導她

進行觀想。我請她走進內心的花園，想像裡頭有美麗的花草樹木。在她放鬆下來、覺得自在的時候，我要她試著回想她在哪時候有過不誠實、說謊或欺瞞、不老實。我們安靜地坐著，然後她開始流下淚來。當她終於開口說話時，她講述了自己過去的這個故事。

凱特這一生的志願就是當醫生。當時，她完成了醫學院的學業，並在紐奧良的一間大醫院擔任第三個月的住院醫師。某天正值晚餐時間，大家都忙得不可開交，凱特也忙著探視病患。她來到了一位女病患的病房，並判定需要用生理食鹽水沖洗這位患者心臟附近的導管。凱特一時找不到護士幫忙，所以她只好急忙自己去護理站拿生理食鹽水。然而，她沒有確認護士拿給她的瓶子，便將溶液注入了導管。注射到一半，這位女病患突然痙攣發作。凱特驚愕之餘，低頭看向手中的瓶子，這才發現標籤上竟寫著「氯化鉀」。她趕緊停止注射，讓病患穩定下來，不再抽搐。這時，其他幾位住院醫師都過來想瞭解患者發生什麼狀況，不過凱特早已把瓶子偷偷藏了起來。她驚恐萬分，因為她沒有遵守在醫學院學習的最基本守則：那就是給藥之前務必核對藥品標籤，而她的疏忽可能會導致這位女病患喪命或受到嚴重傷害。

當主治醫生問凱特事情的經過，她謊稱自己什麼都不知情。直到現在這一刻，她才第一次向別人吐露此事。事實上，在她完成了住院醫師的訓練，並離開那間醫院之後，她就再也沒想起過這件事。在那個可怕的一天，她暗自發誓再也不犯下任何醫療錯誤。

那次事件之後的十六年，凱特已是一位國際知名的醫生兼作家，為自己的誠信感到自豪，並對任何道德標準低於她的人充滿鄙夷。然而，在她的個人生活中，朋友們卻總覺得她是一個不老實的人。凱特無法自覺，因為她否認那一部分的自己，並且深埋在心底。她戴上了一張誠實的面具，掩飾自己欺人耳目的一面。而她的偽裝也成功騙過了自己。

凱特那一次的欺瞞行為，雖然她自己無法承認，但卻一直存在著。當她在跟人往來時撒謊，她自己是無法察覺的。她抱怨自己老是被人誤解。而且儘管她成就斐然，但她對自己的人生並不滿意。她害怕親密關係，跟朋友總是保持一定距離，以免別人發現她心底的秘密。凱特認為她愛自己，但做了這個練習後，她才認清她討厭某部分的自己，也就是那個曾讓她感到羞愧丟臉的自我面向。不過，一旦她能夠

察覺、承認自己不夠誠實，就有一道光照進她的內心。現在她能看清在人生中她還有哪裡是對自己或他人欺瞞。我們諮詢結束後，凱特看來年輕了好幾歲。她能夠釋放了壓抑在心底的巨大謊言。她感到輕鬆自由，但不明白為何會有這樣的感覺。對於她如釋重負的感受，我做了以下的解釋。

想想看，要把某樣東西藏起來，不讓自己和外界看見，需要耗費多大的精力？例如，把一個水果，好比說，葡萄柚，一整天拿在手上。但不能讓自己看見，跟別人在一起時，也要藏好這顆葡萄柚，不能讓別人看見。幾個小時之後，看看自己耗費了多少精力。這就是我們身體每天都得做的事；它們應付的不只是一個水果，而是所有我們想對自己和他人隱藏起來的水果。等你終於允許自己這些真實的面向顯露出來，你就自由了。你就能夠把更多的精力投注在個人成長，朝向追求你的最高目標前進。我們有多少秘密，病就有多嚴重。這些秘密使我們無法成為真實的自己。然而，當你與自己和解，外在世界就會映照出同樣的和解。當你與自己和睦相處，也就能與其他所有人和諧共處。

別人不但會聽你講的話、看你的行為，而且也會察覺你的肢體語言所傳達的訊

息，知道你是不是心裡在想的，跟你嘴巴上說的、行為上表現出來的是正好相反。所以仔細審視自己肢體語言所傳達給別人的訊息是極為重要。正如愛默生所言：「你的本身，比你嘴巴所說的話更有分量。」當你沒開口說話的時候，你表達出怎樣的訊息呢？我們的肢體語言、臉部表情以及散發的能量，無時無刻都在傳遞著訊息。近期研究顯示，人與人之間的溝通有百分之八十六是透過非語言傳達。意即，你用嘴巴講出來的訊息裡，只有百分之十四有真正傳達給聽你講話的人。你必須問自己：「我默默地表達出了什麼訊息？我正傳遞出什麼樣的訊息？當我感到憂傷時，臉上是帶著笑容嗎？我在跟你說我的人生多棒時，看起來是悶悶不樂嗎？我以為自己的狀態很好，但鏡子裡的我看來卻並非如此？我能看著自己的眼睛，喜歡眼前看到的自己嗎？還是我會逃避不去看？」

要坦然面對這些問題往往並不容易。你要允許自己可以不喜歡自己的答案，因為這當中難免存在你不喜歡的部分。但它們卻能帶來莫大的幫助。不久之前，我替一群受訓要開設療癒課程的人上課。我們會將每一位學員的表現都錄下來，好讓他們能看看自己在別人眼中的樣子。當時有一位年輕貌美、名叫珊卓拉的學員站起來

發言。雖然她講得很精彩，但我只注意到她扭腰擺臀——她緩緩、撩人的動作，挑逗著現場聽講的人。珊卓拉講完之後，我問她，她覺得大家認為她是怎樣的人。她回答說很有能力而且親切。我接著問其他學員的看法，大家對她的評語是「可愛」、「性感」、「非常惹眼」等等。我告訴珊卓拉，如果我是男人，下課後我會想約她去喝一杯。但身為女人，她的搔首弄姿舉動會讓我覺得反感。她的那些姿態讓我們分心，根本沒在聽她想要傳達的內容。珊卓拉本來是想要提供訊息，讓聽講者可以療癒自己。然而，我們彷彿只聽到她是在說：「瞧瞧我多麼漂亮性感。你喜歡我嗎？你有被我電到嗎？」儘管這些話並未從她的口中說出，但聽講者注意的都是她的肢體，而不是她希望分享的內容。我們以靜音模式重新播放了珊卓拉的講話影片，結果她被所傳達出來的訊息嚇到了。我問珊卓拉，她覺得為什麼自己會表現出這些動作。她說，她只是想讓人喜歡，而且吸引男性的目光能讓她覺得有掌控力。事實是，她的肢體語言反而消減了她的力量。為了成為一名療癒者，珊卓拉花了好幾年時間努力學習。現在她終於有機會可以在一大群人面前發言，可是她所展現出來的卻是她的面具，而不是她想要分享的內容。雖然珊卓拉對自己的表現感到

氣惱與難為情，但她非常願意去傾聽跟看見真實的情況。她很努力地要去接受自己非口語所傳達的訊息，而她的這個部分是亟欲獲得男性認可。一旦她揭露了自己的這個面向，她就能擁抱它，進而成為一名優秀的講者，實現她助人的夢想。

覺察和接納陰影，是找回真實自己的一種方式

向別人詢問、瞭解別人眼中的自己，這個過程會令人感到害怕。但所有的回饋都是一種祝福。面對真實完整的自己需要勇氣和決心。如果你不願意聽實話，將無法轉變自己的人生。人們在發掘出自己掩藏許久的陰暗面之後，往往會經歷某種悲傷的過程。如果你向來自欺是愛自己的人，那麼你得要給自己一段時間，允許自己感覺悲傷或憤怒。記住你存在的核心：真實完整的你並不會隨著你把某些情緒和衝動轉移到陰影而改變。你不會因此變成另一個人；真實美好的你始終存在於你的內在深處。因此，覺察和接納陰影是一種找回真實自己的方式。

現在我們已經得到了他人的回饋，就讓我們繼續揭露陰影的過程。另一種暴露

你內在隱藏面向的方法是，分別列出三位你最崇拜、以及最痛恨的人。你所崇拜的人身上會有激勵你、令你想仿效的特質；而你所嫌惡的人則會讓你感到憤怒或生氣，而且他們可能做了什麼令你覺得很可怕的事情。這個名單上的人，不一定要是你認識的人。他們也可以是政治人物、演員、作家、慈善家、音樂家，或者是殺人犯。寫完名單後，針對你最喜歡或崇拜的人，請寫下他們各有哪三種特質吸引你，針對你最不喜歡或痛恨的人，也請寫下他們每位有哪三種特質令你憎惡。接著，在另一張紙上，將你欣賞的正面特質統整列在一邊，另一邊則列出所有你不喜歡的負面特質。以下是我的列表：

馬丁．路德．金恩　　有遠見、勇敢、令人尊崇

賈桂琳．甘迺迪　　優雅、成功、領袖魅力

艾莉兒．福特（我姊姊）　　有靈性、有創意、有影響力

查爾斯．曼森　　狂魔、可怕、仇恨

希特勒

哈里・史格（我的老師）

正面特質

有遠見

勇敢

令人尊崇

優雅

成功

領袖魅力

有靈性

有創意

有影響力

殺人犯、歧視、邪惡

高傲、不懂裝懂、暴躁

負面特質

狂魔

可怕

仇恨

殺人犯

歧視

邪惡

高傲

不懂裝懂

暴躁

這些列表可幫助你找到內心隱藏的面向。請仔細檢視你列出的每一項特質。我習慣先從負面特質著手。一開始你可能會想不透自己怎麼可能會有跟希特勒同樣的特質。重點在於拆解字詞的意思，比方說「殺人犯」。你可以用這樣的問題來問自己：什麼樣的人會有這種行為？例如，以殺人犯來說，你或許會說是自私、狂暴、草菅人命的人。假設你想到的詞語是「草菅人命」，再進一步問自己「什麼樣的人不把人命當一回事？」也許你想到的是病態、發狂、自戀的人。這個提問過程的重點是不斷地拆解字詞，直到你得出某個明確的字眼，或是某個你憎惡或討厭的特質為止。找出那些讓你觸發情緒的特質，確認是什麼挑動你的情緒。

每一項負面的特質，都蘊含了禮物

史蒂芬是一位成功的商業顧問，上過我的課程，已有八年的冥想經驗，而且下定決心想要改變自己的人生。史蒂芬過去五年一直感情空白，如今想要認真找個伴侶，結婚、共組家庭。他已準備好挖掘自己的內心深處，試著找出感情不順遂的原

因。課程進行到第二天，史蒂芬已揭露出自己的許多面向，但有一件事情困擾著他。休息時，史蒂芬來找我聊，他說，他很受不了班上的某位男士。我問他，那個人什麼地方讓他看不順眼。史蒂芬頓了一秒鐘，湊到我耳邊小聲說：「那男的是個軟腳蝦。我超討厭膽小懦弱的人。」我沒答腔，只是默默站在那裡等他繼續說。他接著開始講起自己的故事，同時眼中流露出某種領悟。史蒂芬五歲的時候，他的父親要他騎馬。當時他們全家人是去逛農畜品市集。史蒂芬以前從沒看過活生生的馬，因此對眼前的龐然大物感到非常害怕。他告訴父親他不想騎馬，因為他很怕。結果父親就責罵他：「你長大後能成為哪門子的男人啊？就只是一隻軟腳蝦。全家人的臉都被你丟光了！」他還被處罰。從那天起，史蒂芬下定決心再也不要當膽小軟弱的人。他在接下來的人生中努力博取父親的讚許，拿到了空手道黑帶、加入大學足球校隊、參與舉重訓練，這一切都是為了證明自己不是一隻軟腳蝦。他成功騙過了父親，也學會了欺騙自己。他已忘掉小時候那次痛苦的經驗。

我問史蒂芬，他是否能察覺到自己在人生哪個方面仍舊是個膽小軟弱的人。他想了一會後說，自己在感情上是個懦夫。他害怕女人，害怕跟對方坦誠溝通，因此

每當感情一出現問題，他就逃開。幾乎每一個他交往的女性，他都是如此一走了之，即使是現在，他甚至連開口邀約自己心儀的對象出去都不敢。我請史蒂芬給自己一些時間，徹底感受自己的羞愧與難堪。

當我問史蒂芬，「做一個膽小懦弱的人有哪些好處」時，他看著我，彷彿我瘋了。他無法理解這個如此可怕的事、他花了一輩子否認的事，怎麼可能蘊含了禮物。但他回想起來，有一回他的膽小懦弱或許救了他一命。他在讀大學時，有次與一群好友相聚喝酒。喝了幾個小時後，其中一人提議到隔壁城鎮的酒吧續攤。另外三位朋友都贊成，但史蒂芬不敢酒後開車，也害怕搭酒駕者開的車。於是他跟朋友說自己還有約會，要先走一步。他不想告訴他的朋友其實是他沒膽上車。他不想讓自己看起來很孬種的樣子。兩個小時之後，朋友駕駛的車輛衝出路面，史蒂芬最要好的一位朋友因此喪命，其他三人身受重傷。

史蒂芬不敢相信自己想起了這件事。他早已將這段慘痛往事塵封。意外發生當時，他覺得自己只不過是僥倖逃過一劫罷了。我要他想想是否還有其他時候，當一個膽小軟弱人是如何讓他免於麻煩上身。他現在已能夠理解到，這個膽小的特質是

怎樣使他成為一個謹慎的人，使他遠離爭鬥，說不定還為他阻絕了各種的麻煩。我們聊了許多往事之後，我問他現在覺得當個膽小軟弱的人如何。他的臉上亮了起來。他擁抱了這個特質。他現在能領會到這個部分的自己其實在很多時候都是非常珍貴。這時的他已能夠以此為傲。羞愧和痛苦的感受全都消失了。

史蒂芬嶄新的視角賦予了自己力量。「對於生命中發生的事件，我們無法置喙，」尼采曾說，「但對於如何詮釋事件，我們擁有絕對的話語權。」藉由詮釋，痛苦的情緒可以獲得緩解。編造詮釋則是一種創造力的表現。只要史蒂芬懂得關愛與尊重自己膽小軟弱的一面，他就不會再將這項特質投射到別人身上。他不再對膽小軟弱的行為心生反感，反而是能夠加以接納。

後來在課程中，史蒂芬前去認識了那位他覺得是軟腳蝦的男人。他很訝異自己對那個人的看法是大幅改變。難道才幾個小時，史蒂芬就改變了這麼多，還是那位男士一下就變了個人？其實在史蒂芬接納了自己軟弱特質的同時，他看人的角度也改變了。現在他能看得非常清楚。在史蒂芬放下自己必須做個鐵漢的束縛後，就能夠接受自己的敏感、羞怯和小心翼翼。這讓他敞開了心扉，讓別人能接近他。

「揭露」是探索陰影的首要步驟。「揭露」需要絕對的坦誠與願意去看見自己一直無法正視的部分。承認陰影存在的同時，就開啟了整合與療癒的歷程。請記住，每一種「負面」特質都蘊含了禮物，而且價值是超乎你所能想像的。只要開始探索陰影，不久後你將會獲得圓滿、快樂與自由的賜福。

練習

1. 以下列出的都是負面的字詞。請用幾分鐘時間，找出哪些字詞會觸動你的情緒。大聲說出「我是……的人」。如果你說出來後，沒有感到什麼情緒波動，就換下一個字。把你不喜歡或是有情緒反應的字記錄下來。倘若你不確定某個字是否觸動了情緒，請閉上眼睛一會兒，對著這個字冥想。把這個字對自己大聲重複講個幾遍，然後問自己，假如你敬重的人用這個字眼講你，你會有什麼感受？假如你會覺得生氣或難過，請記下來。除此之外，也可以花點時間想想其他沒有列在下面、但影響到你人生或讓你覺得痛苦的字詞。

貪心、騙子、做作、小氣、怨恨、善妒、報復心強、控制狂、尖酸刻薄、佔有慾強、賤人、懦弱、邪惡、古怪、古板、好色、脾氣差、遮遮掩掩、相互依存、酒鬼、掠奪者、藥物成癮、好賭、病態、胖子、噁爛、愚蠢、白癡、可怕、渾渾

齷齪、自虐狂、貪吃、厭食、邊緣人、狡詐、不知節制、冷酷、頑固、施虐者、操弄人心、受害者、加害者、自我中心、有優越感、傻子、情緒化、自以為是、醜陋、邋遢、口無遮攔、多嘴多舌、被動、強勢、臭屁、遜咖、懦夫、爛人、不真誠、失禮、白目、粗野、死氣沉沉、行屍走肉、拖拖拉拉、不負責任、無能、懶惰、投機取巧、斤斤計較、偏心、沉悶、叛徒、狡猾、不成熟、搬弄是非、急躁、絕望、幼稚、下流、蠻橫、娘娘腔、拜金、情緒不穩、狠心、遲鈍、膽小、危險份子、火爆、變態、神經病、窮鬼、負能量中心、唯恐天下不亂、卑鄙、防衛心重、憤世嫉俗、悲傷、脆弱、虛有其表、枯燥乏味、孬種、媽寶、神經質、狂妄自大、守財奴、剩女、淫蕩、虛偽、愛批評、狐假虎威、膚淺、殘暴、盲動、裝可憐、偽善、討好、愛打小報告、愛記恨、高傲、爭強好勝、權力飢渴、浪費、不可理喻、陰險、偏執狂、社會敗類、窮緊張、沒長進、自命不凡、呆子、仇恨女性、虐待傾向、輕視他人、人生失敗組、一文不值、破綻百出、醋罈子、吹毛求疵、優柔寡斷、粗心大意、騷貨、可恥、骯髒、尖銳、無恥、霸道、不知變通、老態龍鍾、冷漠、孤僻、沒心沒肺、寡情、落伍、諱莫如深、忿忿不

平、種族歧視、孤陋寡聞、勢利、精英主義者、娘炮、支配慾強、低俗齷齪、驕橫跋扈、壞蛋、無知、小偷、渣男、詐騙份子、愛出風頭、沒品味、廢物、心機重、城府深、愛慕虛榮、沒安全感、陰鬱、無藥可救、不夠好、乞丐、嘮叨、缺德、母老虎、吝嗇、不討喜、違法亂紀、患得患失、偏激、好管閒事、擾人、完美主義者、龜毛、不懂裝懂、馬屁精、壞心眼、正義魔人、異類、一無是處、庸才、守舊、小心眼、花心、自卑、消極、神經大條、咄咄逼人、柔弱、沒耐性、鬼話連篇、男人婆、自暴自棄、獨斷、無情、過分敏感、執拗、貪小便宜、俗氣、無趣、死氣沉沉、不切實際、惡毒、荒唐可笑、卑鄙、討人厭。

2. 想像報紙上刊登了一則關於你的報導。在這篇報導中，你最不願意自己被提及的五件事情是什麼？請將它們寫下來。然後試著想像五件你完全不介意被講的事情。這裡要問的問題是，前五件事情是真的，後五件事情是假的嗎？還是說，你從家人和朋友那裡，認定前五件事情是不對的行為，所以你才不希望被人提及？我們必須揭露這些文字背後隱藏了什麼，才能找回自己否認的各種面向。

請寫下你對這些事情的論斷。試著回想自己最初是在什麼時候做出那樣的論斷，或者，你是從誰那裡得來這種論斷？是你的母親、父親，或是其他家族成員？

第六章　「我是那樣」

發掘出自己不願擁有的所有特質之後，我們將進入探索陰影的第二階段，那就是承認擁有這些特質。所謂擁有，我是指承認某個特質屬於自己。如此一來我們就能開始為自己的本來樣貌負責，無論裡面有哪些部分是我們喜歡，或是哪些部分是不喜歡的。此時你未必要喜歡自己的所有面向；你只需願意向自己和他人承認它們確實存在。你可以問自己三個問題，或許會有幫助：過去我是否曾表現出那樣的行為？現在我是否表現出那樣的行為？在不同情境下，我是否會表現那樣的行為？只要你對以上任何一個問題的回答為「是」，你就開啟了承認擁有某項特質的歷程。

對於某些特質，要承認並不那麼困難。對於那些我們向來極力否認、或是投射到別人身上的那些特質，要承認是最困難，需要花費較多時間。然而，對自己殘忍和對自己溫柔同等重要。你要願意認清，其實你是自己最不想成為的那種樣貌。要

下定決心，以新的眼光看穿內心的防衛機制，因為它只想說「我才不是那樣」。看著自己的眼睛說，「我就是那樣。我在哪裡會表現出那種樣子」？別自我批判。就算你發現自己自私或善妒的一面，也別斷然認定自己就是一個糟糕的人。我們每個人都有這些特質，也都有與之相反的特質。它們是我們人性的一部分。所有的情感和衝動，不論是我們稱為正面或負面的特質，都能引領、教導我們。或許你會有所懷疑，但請給自己一個機會，去認識所有的這些面向，探尋其中所蘊藏的禮物。我保證，最後你會發掘出心中的黃金。

「承認擁有」是獲得療癒、以及創造一個自己所愛的人生必要的步驟。我們無法擁抱自己不願承認擁有的特質。如果你想要完全發揮自己的潛能，就必須取回自己否定、隱藏或是投射在別人身上的部分。我在剛開始進行承認擁有的療癒階段時，老是遇不到合適的男人。我喜歡的人似乎都對我沒興趣。那時我跟男人交往，就像大部分人在翻閱雜誌一樣，沒多久就分手。我總是迷戀上不適合我的男人，因為我不知道自己是怎樣的人，也因為我看不見自己身上許多美好的部分。我曾遇過一位我真心喜歡的男人，他坦白告訴我，他沒辦法和我在一起，因為他知道有一天

我會體認到自己真正的樣貌，然後離開他。身邊的朋友都能看出我老是挑不適合的男人交往，但當時我還是相信，自己的內在只不過是一間有待修繕的兩房小屋。因此，我周遭一切的人事物不斷地映照出我不夠愛自己。然而，當我承認擁有更多自己的不同面向——像是我的畏懼、遮遮掩掩、浮誇，我就不再需要吸引那樣的人來到我的身邊。我越來越容易吸引到那些能映照出我內在正面特質的男人，這些人善良、用心付出，而且喜愛和接受我真正的樣子。

假如我們無法接受自己的某種面向，我們就會不斷吸引表現出那種樣子的人來到身邊。宇宙會一直讓我們看見自己的真實樣貌，好讓我們能重新找回完整的自己。我們大多數人會把不願擁有的特質深埋心底，因此壓根看不出來自己哪裡有可能會是我們所討厭的那一種人。然而，要是那種特定類型的人一再出現在你的生活中，那必然是有原因的。

要擁抱自己的陰影，必須先承認擁有這些黑暗面

我的友人喬安娜好幾年來每次出去約會後，都會跟我說：「那傢伙不是我的菜，他是個怪咖。」前六、七次聽她這麼說，我都沒有說什麼。但後來一直都是如此，原因就太明顯了。我終於忍不住跟她說，她自己就是個怪咖。我告訴喬安娜，要是她能承認自己古怪，她就不會再碰上怪裡怪氣的人。喬安娜以為我在跟她開玩笑。我說我從來沒遇過古怪的約會對象，怎麼她遇到的每一個男人都有她這麼討厭的怪咖特質？

就這樣，喬安娜的「怪咖孽緣」又持續了好幾個月。正所謂旁觀者清，當局者迷，某天深夜，我接到喬安娜打來的電話，她實在是受夠了自己又遇上了一個怪咖男。她真的覺得痛苦，她要我說說，她哪裡看來像個怪咖。我很委婉說，她有時候會穿粉紅色的襪子，配上白色運動鞋，旁人看來或許會覺得她這樣怪怪的。喬安娜苦笑了幾聲，然後要我向她保證，如果她願意承認自己有古怪的特質，她就不會再遇到怪咖男。她允諾，她會列出自己至今所有的古怪行徑。隔天，喬安娜打給我，

唸出一長串她做過的怪異行徑。因為不想被人看做「怪咖」，喬安娜為自己打造出一個看來「很酷」的樣貌。二十多年來她始終維持著這種形象，但經過仔細審視，她已能覺察到自己古怪的一面會三不五時冒出來。

喬安娜從發掘自己以前那些表現古怪的時刻、並且跟我一起談笑看待，瞭解到當一個有點怪的人其實也沒什麼大不了。自從兩年前她願意承認自己擁有怪咖的特質之後，我可以告訴各位，她再也沒有遇到什麼奇怪的約會對象。當她仔細回想這個特質賦予了她什麼，她發現，因為自己不想當個怪咖，她才形塑出一個體面、時尚、優雅的公眾形象。喬安娜的古怪特質，以及她對此特質的反應，使她創造出屬於自己的美麗風格。

要去承認擁有自己的某些特質有許多方法。可以先把注意力放在讓你覺得反感的特質上。拿出那張描述了你所討厭或憎恨對象的字詞列表，檢視上面的每項特質。不論你有多麼抗拒，為了達成擁抱陰影的目標，你必須要承認擁有這些特質。找出在人生的哪個部分，你曾展現過這個特質，或是你在那個部分上頭，別人可能覺得你有展現出那樣的特質。把每一項特質都套在自己身上看看——就好像你試穿

外套一樣，看看穿起來的感覺如何，想想該怎樣讓它更適合自己。想像一下，如果你愛的人用這個特質的形容詞來形容你，你會有什麼反應。你必須審視你對這些特質本身、以及具有這些特質的人，會有怎樣的批評。想想有多少人因為有這種特質而被你討厭。不要試著辯解自己跟這些人的行為哪裡不同，或是認為自己比別人好太多。不要放任你的自我替你的行為辯解。記住，在世人眼中，怪咖就是怪咖。

接納自己內在的每一個人性特質

比爾是我課程的學員，他對於「接納自己所有樣貌」、「世界存在於自己內心」的概念很感興趣。他年近六十歲，人生中只對一個人非常有意見，那就是他二十二歲的兒子。我問他最不滿兒子什麼，比爾說兒子經常對他說謊，而他認為，撒謊是最糟糕的事。「我這輩子從沒說過半句謊話，」比爾這樣說道，「跟認識我的人打聽一下就知道。」他講得很激動，滿臉通紅。過了足足十五分鐘，我怎樣都無法幫助他承認自己過去曾經撒謊，或是以後有可能會撒謊。其他學員對比爾漸漸

不耐了起來。我們其他人都能回想起自己在小時候、青少年時期，或是長大後，至少撒過一百次的謊，更別說我們有多常欺騙自己。但是，比爾仍舊不為所動。於是我問，他是否曾經在報稅時撒點小謊。比爾瞬間微笑起來，用手指著我說：「那是不一樣的撒謊。」課堂上所有人都對他投以難以置信的目光。

我很遺憾的說，很少有參加我課程的學員無法成功擁抱自己的內在陰影，但比爾是其中的一位。美國作家詹姆士．鮑德溫（James Baldwin）曾說：「唯有先接納自己，才能接納他人。」比爾認為自己兒子撒謊是錯的，而且自以為清高地看待說謊的人，使得他不願揭露自己撒謊的一面。他完全只想著要怎樣才是對的。如果他能承認自己有說謊的一面，他就能夠不被自己兒子說謊的行為惹怒。我們需要以慈悲的胸懷，去擁有自己過去不願擁有、忽視、憎惡以及否認的某個部分，或是批評別人身上的某種特質。我們需要以慈悲的胸懷，接受我們生而為人，接受我們內在每一個人性的特質，包括好的與壞的。當你最終對自己敞開心扉，你會發現，你對一切人事物都懷有慈悲之心。

如果別人身上有令你討厭的特質，那是因為你也有相同的特質

去年，漢克來參加我的某個課程。當時他最苦惱的問題就是他的女友是個遲到大王。漢克向全班學員分享了很多令他生氣的事情。對此我提出，漢克之所以如此生氣，是因為他的女友反照出他自己的某個面向。他聽了之後說，這是絕對不可能的事，儘管在場所有人都看得出來他無法容忍女友的遲到行為。他在講述稍早女友還放他鴿子的時候，臉上充滿了嫌惡，愈說情緒愈激動。當時課程才剛開始，我不想給漢克太大壓力，所以只告訴他：「凡是你無法與之共存的，都不會讓你好過。」漢克自知他難以接受女友遲到的毛病，而且也察覺到自己的情緒受到挑動。不過，當我問他是不是也是個會遲到的人，漢克回答說「當然不是」。

課程繼續進行，我引領學員們做了各種練習，但經過了一整天，我能看出漢克依然難以釋懷。課程第二天的晚餐休息時間結束後，大家都回到座位了，卻發現還有一個座位空著。我交代過大家要準時回來，才不會耽誤彼此的寶貴時間。大夥兒正在看究竟是誰還沒回來時，有人說：「是漢克還沒回來。」等了幾分鐘，漢克依

然不見人影，於是我們決定開始上課。就在這時，坐在前排的一位女學員看著我說：「不知妳有沒有注意到，漢克每一次回來都遲到。每次都要等他，我個人覺得真是夠了。」剎那間，我們都瞭解了，漢克此刻對我們所做的，就跟他女友對他所做的沒什麼兩樣。

十分鐘後，漢克回來了。我暫時擱下進度，試探他是否準備好在這個課題上有所突破。我問他有沒有發現自己每次回來都遲到。他看著我，說：「我才遲到幾分鐘而已。這樣不行喔？」所有學員難以置信地倒抽了一口氣。我回答：「漢克，全班只有你一連五堂課都回來遲到。其他人會覺得不受尊重，因為我們得浪費時間和精力確認是誰遲到了，接著又要等個幾分鐘看你會不會回來，然後才能開始上課。你能看出你現在對我們所做的，跟你女朋友對你所做的，這其中的關聯？」漢克堅信，他遲到短短幾分鐘，大概三到十五分鐘，並沒有什麼大不了。他告訴我們，他女友經常遲到兩個小時，或甚至遲到一整天。「像她那樣才叫做遲到，」漢克說，「那樣才是問題。」

漢克辯解，遲到五分鐘與遲到好幾個小時有本質上的差異。就他看來，兩者不

能相提並論。我請大家舉手，看有多少人同意漢克的看法。沒有人舉手。我接著問，有多少人覺得他不準時回來是無禮的表現。大家都舉起了手。除了漢克之外，現場每個人顯然都認為他與他女友的遲到行為是半斤八兩。遲到就是遲到，怪咖就是怪咖。做出區別是自我要保護自己的反應。一位學員站起來告訴漢克，大家都盡可能準時回來，也希望其他人能同樣遵守時間。我補充說道，要是我的生活中有人老是愛遲到，而且又不打算改掉這種習慣，那我也不會想和這人在一起。此外我也告訴漢克，當有人老是遲到，我會覺得對方傳達的隱含訊息是我的時間不寶貴，或是他自己的時間比較重要。漢克看起來很惱怒又困窘。我於是請他當晚回家後，仔細想想我們大家剛才的討論。

隔天早上，漢克準時進來上課。他說他昨晚熬夜到大半夜，列出了自己過去一年來所有的遲到。他這才明白自己總是遲到，但他以前還以為，只要他遲到不超過半小時就沒問題。那天，漢克在我們大家面前承認他確實遲到了，同時也承認不守時是無禮的行為。儘管他還是很氣女友愛遲到，但他明白了，他對我們所做的，正是別人對他所做的。漢克已把自己的這個面向深埋心底，以致於他毫無察覺。顯然

無禮並不符合他的自我理想。然而，在他承認擁有遲到跟無禮這些特質的那一刻，他的神情和緩下來；他的內在順服了。現在他可以接納自己更多的面向。而且當他談起女友的行為時，也不再充滿萬般無奈。漢克能領會到，他收回對女友的投射、以及承認擁有自己特質所帶來的收穫。他可以自由地選擇是否想和那位老是遲到的女人繼續交往。

漢克認為自己是個有愛心、有責任感的人，但他過去總是會吸引某種類型的女人來到身邊，好讓他能看見自己隱藏的面向。別人之所以會如鏡子般映照出我們的內在樣貌，是因為在潛意識裡我們會不停地召喚出具有某種特定特質的人前來。這也是為什麼某種類型的人和情境會一直重複出現在我們的生活裡。當你真正承認擁有並接納了某個部份的自己，奇蹟就會發生。屆時，反照出你內在的那個人，就不再會表現出某種行為，或者你就能夠選擇不讓這樣的人進入你的生活。當你不再受到影響，你就不需再透過另一個人來反照出你的陰影。因為你已成為更完整的自己，你自然會轉而被那些映照出你整體樣貌的人吸引。如果我們的靈魂使命是讓我們變成完整的自己，那麼我們會不斷召喚來讓我們能夠瞭解怎樣才是完整的一切人

事物。當我們承認擁有自己更多的面向，健全良善的人就會出現在我們的人生當中。

給自己時間仔細思索，你不想擁有哪些特質。當你對某種特質產生排斥感的時候，別忽視它。試著探尋，直到你能夠知道這股排斥感源自何處。注意你對這項特質有哪些批評。寫下你在什麼時候會表現出這種特質。若遇到困難，請找朋友協助。請記住，如果你能挑出別人身上令人討厭的特質，那是因為你本身也具有相同的特質。當我的課程學員卡在某種特質，怎樣都無法承認擁有的時候，我會建議他們先承認自己是個「頑固老頭」。這通常會逗得大家大笑起來。當他們能接納自己內在的「頑固老頭」時，他們對某個特質的抗拒感也會很快消失。

從傷痛中成長與學習，就不必再當受害者

我們最不容易承認擁有的特質，通常與我們覺得被他人誤解的事情有關。我們的自我會抗拒擁有某些性格特質，因為那會使我們不能再把自己的人生遭遇歸咎於

他人。我們大部分的人都花了很長時間，為曾經傷害過我們的人定罪。歐普拉曾在一場畢業典禮演講中說道：「要將傷口轉化為智慧。」與其懷恨在心，不如從中學習。想想這些傷口是怎樣讓你受益。它們引導你走到了哪裡？要是沒有遭遇某個很糟糕的經歷，你可能就不會遇到現在人生裡的哪個人？還有，抓住傷痛不放，會怎樣阻礙你實現夢想？當你懂得從傷痛的經驗中成長與學習，就不必再繼續當個受害者。正視曾經傷害過你的人，仔細看看這人身上有哪些特質會觸動你的情緒。當你能看清自己的內在也同樣具有這些特質時，你就不會再受到對方影響，或依附著對方。

禪宗有個故事，講述兩位僧人在回程路上，來到一處水流湍急的河畔。他們準備要涉水而過時，看見岸邊有位年輕女子正愁著無法過河。一位僧人於是上前將她抱起，越過急流，帶她安全地到達對岸。兩位僧人接著繼續上路。後來獨自渡河的那位僧人終於按捺不住，譴責師兄說：「你明知我們出家人不該碰觸女性身體。你方才犯了戒律。」另一位僧人答道：「我在岸邊就已把那位女子放下了。你到現在還記掛著她嗎？」

放不下以前的傷痛，你就會繼續背著這個包袱往前走。前陣子有個年輕漂亮女子來參加我的課程，她叫摩根。摩根罹患了胃癌，她來找我的時候，幾乎不抱一絲求生意念，對於癌症會奪走她的性命顯得聽天由命。摩根的內心充滿憤怒。她痛恨她的母親一直在精神上折磨虐待她。雖然摩根才三十歲出頭，但她已經去過各種自我提升課程，卻還是無法放下對母親的恨意和厭惡。因此，即便她當時身體十分虛弱，她還是決定放手一搏，參加我的課程，想要釋放她心中有毒的情緒。

某次上課時，我要求每位學員寫下自己最難承認擁有的五個形容詞。然後，兩人搭檔互相做鏡像練習，直到大家都對自己列出的五個字詞不再有情緒觸動為止。舉例來說，假如我很在意的一個字是「無能」，那我會對自己說，「我是個無能的人」，然後我的練習伙伴會看著我的眼睛，對我說，「妳是個無能的人」。接著，我會重複說，「我是個無能的人」，對方也會再重複一遍說，「妳是個無能的人」。如此反覆持續，直到「無能」這字對我來說，已無關痛癢為止。只是這樣大聲一遍又一遍說出來，就能消除我們對於這個字詞的排斥感，也能承認擁有那個特質。

在開始練習之前，我通常會在教室內走動，檢視學員們所列的清單，因為大家往往會遺漏掉某些在旁人看來是顯而易見、但對自己隱藏起來的字詞。我走到摩根的座位旁時，她正專心練習，但我注意到，她每次講起自己母親就常常會使用的那個字詞，並沒有出現在她的清單上。我知道這是她必須承認擁有的重要面向，於是我請她的伙伴協助練習那個被她遺漏的詞：「瘋子」。

我們恐懼什麼，什麼就會出現

摩根很不高興地看著我說：「妳明明知道我不是瘋子。」我再次說明，如果我們每個人都一樣，那她怎麼會沒有瘋子的一面。我告訴摩根，她大可以稱我為瘋子，我一點都不介意。她的伙伴也不在意被稱做瘋子。摩根顯得侷促不安，接著哭了起來，說她會受不了。她無法啟齒說自己是瘋子。我和她的伙伴一同看著她，大聲喊：「瘋子！說出來！摩根，承認它！」我問：「摩根，妳能說說看，妳的人生中，什麼時候曾表現得像瘋子？」她講了幾件顯然會被當成是瘋子的事情，但她還

是無法講出「瘋子」這兩個字。我只想要聽到她講出「我是瘋子」就夠了。我相信，只要她能夠反覆地說出「我是個瘋子」，漸漸地，就能削弱這個詞對她的影響，她的人生也能脫離它的掌控。我們恐懼什麼，什麼就會出現。就摩根來說，「瘋子」是以她的罹癌形式出現。她喪失了自由。而現在，她距離承認擁有自己最深的恐懼與夢魘僅一步之遙。那天晚上摩根回到家時，已能做到開口說出「我是個瘋子」，但是，她仍無法完全感受這個字詞。不過，等她泡了熱水澡、又反覆對自己講那個字詞好幾個小時之後，她終於領會了。幾個月後，她寫了封信給我：

我必須要化解內心的恐懼，還有掙脫童年時期使我聯想到「瘋子」的一切經歷，如此我才能承認擁有它。我必須擁抱它，然後放手。在我懂得承認擁有的那一刻，我跪下來禱告：親愛的上帝，請擦亮我的眼睛，讓我只看到母親的美好。在接下來的四十五分鐘裡，我懷抱著最懇切的心，祈求我能卸除對自己和母親的批判，接受她已經盡力扮演好母親的角色。我禱告我能寬恕自己以前老是在指責，能夠原諒自己曾傷害自己、不愛自己、讓自己生病。我沉浸在前所未有的平靜之中。在此

之前，我一想到母親，就會覺得畏縮和緊張，但現在，我只覺得平靜。這個練習經驗為我打開了大門，讓我能夠走進去。我身上的癌細胞不再擴散，並且也開始慢慢消退了。

摩根現在已戰勝病魔，檢驗結果顯示她的體內已沒有癌細胞。當她停止憎恨自己的某些面向，她就能夠寬恕自己和她的母親。摩根告訴我，承認擁有「瘋子」這兩個字對她來說，是接納陰影過程中最艱難的一部分。當她看見自己的內心也有與母親相同的特質，她不禁緊緊閉上雙眼。然而，一旦她體認到自己會含恨而終，於是便願意去接納自己整體的樣貌。承認擁有你的陰影，你就會恢復身體趨向完整合一的自然傾向。當你完整了，就能獲得療癒。

轉變本身只需幾秒的時間。它是一種認知上的轉變，將我們觀看事物的濾鏡加以改變。假如我們以鐵鎚的角度來看待世界，一切事物就看起來都像是釘子。假如改成以螺栓的觀點看世界，那所有東西看起來就會像是螺帽。我們的感知始終受到我們是如何看待自己所影響，也受到我們對何謂好壞、是非對錯、喜歡或討厭的判

斷所左右。如果你把觀看角度從「我在世界之中」轉變為「我就是世界」，你就會瞭解到，跟所有人樣貌相同不僅沒關係，而且還是必然的。

要先釋放所有負面情緒，才能真正愛自己

我曉得，這對大多數的人而言，是個不容易接受的概念。我們向來被教導要絕對避免以負面的角度看待自己。假如我起床時感覺自己一無是處，就得裝作自己沒有這樣的想法。我應當要告訴自己，我是個有價值的人，希望在這一天之中會感受到自己的價值感。我得要裝出自己很有自信的樣子去工作，因為消極氣餒是不行的。我必須要一整天躲藏在自信面具的背後，盡量不讓人看穿。不過在我的內心深處，一旦我知道我沒有真正在做自己，我就會感到很絕望，因為我無法接受自己是一無是處。我們會抗拒自己的這個面向，也會去批判自覺一無是處的人。有人說，只要我們能正面肯定自己就沒問題。但我在課程中都會告訴學員，如果我們把冰淇淋放在一坨大便上，吃了幾勺後，還是會嚐到大便的味道。但當我們把負面特質整

合到我們自己裡面，那就無須再如此刻意肯定自己，因為我們會明瞭到，我們既無用又有用、既醜陋又美麗、既懶惰又勤奮。當我們相信，我們只能是這樣、不能是那樣，我們就會為了要成為「正確」的那種樣貌，而在內心一直痛苦掙扎。當我們相信自己只不過是個自私、卑劣、軟弱的人，同時也相信身邊朋友和家人身上都沒有這些特質，羞愧感便油然而生。然而，當你承認擁有了在這宇宙中所有的這些特質，你就會明白，你內在的每一種面貌都會教導你些什麼。這些內在導師會指引你學習這世上所有的智慧。

有時候，為了承認擁有某一項特質，你必須將累積在心中、對自己或對他人的怒氣釋放出來。常有人問我，生氣真的沒關係嗎？我的回答是，感受你所有感覺到的情緒是沒問題的。允許自己去感受和表達內心的一切。你需要先釋放所有這類的負面情緒，才能真正愛自己，並且以慈悲之心對待自己跟他人。你可以用健康的方式抒發自己的情緒。除非會傷害到別人，不然表達自己的情緒是可以的。

吶喊是一種將壓抑的情緒宣洩出來的好方法。實際上，我們說話的聲音經常受到壓抑而無法表現出完整音域。然而，當你允許自己使盡全力徹底尖叫，就能有效

清理被壓抑的情緒能量。要是你擔心會驚擾別人，可以試試把頭埋進枕頭裡大叫來抒發情緒。如果你從不曾真正放聲嘶吼，或者，你是在一個充斥著咆哮聲的家庭中長大，那麼你可能會認為大吼大叫是不好的行為表現——還是那句老話：「凡是你無法與之共存的，將不會讓你好過。」所以，放開束縛，放聲大叫吧！重點是，要去體驗自己內在各式各樣的情緒。

宣洩卡在內心的情緒，找回我們不承認擁有的那一部分自己

曾有位六十多歲的美麗女士來上我的課，她的名字叫做珍妮。珍妮這輩子從不曾大聲說話、大吼大叫過，也不曾口出惡言。她的父親從小就灌輸她，有教養的人絕不會這麼做，而如果她要獲得父親的看重和疼愛，就必須循規蹈矩。六十年來，珍妮一直謹守父親的諄諄告誡。只是她現在老是有喉嚨息肉的問題。她最後找上我，這時她已經做好了準備，要釋放所有卡在內心的情緒，違抗父親的教誨。她漸漸相信，她的健康問題是因為情緒受到了壓抑。儘管如此，她依舊難以提高嗓門說

話。

一連五天，我們一起大喊大叫、大聲咒罵。最後到了終於要吐出「幹」這個字的時刻。這真是一大解脫！珍妮激動得全身顫抖。隔天上課時，她的臉上洋溢著燦爛微笑。雖然她的父親去世已久，她還是得鼓足了勇氣才能完成這個練習。六個月後，珍妮感覺非常棒，喉嚨息肉已完全消失。她能夠充滿喜樂地表達自己內心的感受，覺得終於能與自己、還有父親和好。只要不會傷害到別人，我們都應該把自己心中的怒氣抒發出來。當你面對你討厭的某部分自己時，表達出來。表達出來的目的是要釋放你所有既定的評判、羞愧、痛苦，以及抗拒，找回你不承認擁有的那一部分自己。

「擊打」是我最喜歡用來宣洩怒氣的方式。我會找來一根塑膠棒子、幾個枕頭，然後跪在這些疊起的枕頭前面，高舉棍棒，使勁猛打。我會想像眼前的枕頭是我一直以來抗拒擁有的特質，用力垂打。當我釋放了情緒之後，我就比較能去看著鏡中的自己，承認擁有某項特質。

如果我們內心接納了自己的某種特質，就不再需要從外在創造出來。我的一位

好友珍妮佛，曾懷疑自己被人跟蹤。她發現她去參加外面的各項活動時，都會看見同一個女人。珍妮佛確信，這女人在跟蹤她。「那女的實在很邪惡！」珍妮佛會這樣跟我說。身為姊妹淘，我直接就告訴她：「妳很邪惡。」她非常火大，對我怒吼道：「我才沒有！」便掛斷電話。將近一年的時間裡，那個女人一直出現在珍妮佛出席的所有場合，也屢屢毀了珍妮佛的心情。那年接近年底時，珍妮佛飛往夏威夷，參加一場她期盼了數月之久的研討會。當然，在第一場講座上那個女人又出現了。珍妮佛嚇壞了。她從夏威夷打電話給我說：「我要怎樣才能擺脫那個女人啊？」我告訴珍妮佛，這女人無疑在反照出她自己所不願承認擁有的面向。顯然她必須要接納那個面向的自己，因為她的情緒已深受這個女人影響。我問珍妮佛，「妳對於邪惡的人有什麼看法？」她說，邪惡當然是很要不得的，邪惡的人會做壞事。我跟她試著一起回想，她以前有沒有做過什麼邪惡的事情，她想起了自己曾經對妹妹做過稱得上是壞心眼的卑鄙事。事後她深感羞愧，於是決心要當個好人。在她心目中，好人是不會心懷不善。我向她解釋，如果我們從不知道什麼是邪惡，就不可能懂得什麼是善良，就像如果我們對恨一無所知，就不可能理解什麼是愛。如

果我們能承認擁有自己內心的邪惡或憎恨，就不會把這個特質投射到別人身上。

我建議珍妮佛試著站在浴室鏡子前，對自己說「我很邪惡」，直到她不再否定自己的這個面向為止。珍妮佛對著鏡子練習了一個小時，心裡越來越怒，於是她坐下來，寫信給那位她覺得在跟蹤她的女人。她允許自己用各種難聽的字眼辱罵對方，藉此抒發自己的滿腔怒火。她極度直白地把情緒宣洩出來後，終於覺得輕鬆舒坦許多。珍妮佛是需要講出她的痛苦與憤怒。寫完信後，她把信撕碎，回到鏡子前，承認自己是邪惡的。一旦她能面對自身的這個面向，就能面對那個女人。她不再受到對方影響了。第二天，珍妮佛見到那個女人時，還主動向她打招呼，然後便信步走開，心情絲毫沒有受到影響。她之後再也沒看到那個女人了。這就是自由。

想掩蓋缺點而「過度補償」

我們會因為察覺到自己的缺點而感到痛苦，同時這份痛苦會促使我們去掩蓋那些缺點。當我們否認自己的某些面向時，我們會過度補償，成為與那些面向完全相

反的人。接著我們會塑造出表面形象，來向自己和他人證明，我們沒有那些缺點。前不久我去拜訪一位好友，我跟她的父親諾曼（他正是「過度補償」的典型例子）聊起了我的工作。他很感興趣，想多瞭解我上課的內容。於是我請他告訴我，假如有媒體報導他，他不希望被哪兩個字形容。他說，他不想被形容是「乏味」或「愚笨」的人。我笑了出來，說道：「的確，認識你的人絕對不會說你是乏味或愚笨的人。」諾曼從前總是以家庭為重，因此沒有完成學業。但在妻子離世三十多年後，他重返校園攻讀碩士學位。他到住家附近的大學就讀，每天騎腳踏車去學校上課。後來他以優異成績畢業，現在正攻讀博士學位。學校沒課的時候，諾曼會到各地，參加研討會、做關於身體保健與老化的演講。前陣子他還參加為期一個月的禪修來探索靈性。任何認識他的人，會有人認為他乏味或愚笨嗎？就我所知，認識他的每一個人都會說他很有勇氣、有趣、聰明。可是，他不想變得「乏味」和「愚笨」的決定，其實已經掌控了他的人生，使他無時無刻都在跟自己競爭，想證明自己不是一個乏味或愚笨的人。儘管他已經非常努力了，他都想再投入更多，確認自己沒有漏氣，向外界證明自己是聰明又有趣。

諾曼很容易就察覺出「乏味」和「愚笨」是如何主宰了他的人生。他老是覺得無法滿足於自己已有的成就。當然，反過來說，「乏味」和「愚笨」卻賦予他極大的決心與動力，驅使他不斷探尋新奇的地方、結交有趣的朋友。假如他對這兩個字眼沒有那麼強烈的反感，不知他是否仍有那股動力去完成過去幾年他所取得的成果。諾曼瞭解愚笨與乏味帶給他的禮物，明白他跟所有人都是一樣。除非我們知道什麼是愚笨，不然我們怎麼知道什麼叫聰明？除非我們知道什麼叫乏味，不然我們怎麼知道什麼叫有趣？

「不想成為某種樣子」的內在趨動力，往往會使你成為相反的樣貌。這會剝奪了你想要選擇怎麼走自己人生道路的權利。就諾曼來說，他無法隨心所欲抽出時間跟朋友出去。他沒時間讀讀小說，或在晚上打個牌消磨時光，因為他很怕自己會變成一個乏味愚蠢的老人。他無從知道，這些機會說不定對他的健康或心靈才是最好。當你抗拒擁有自己的某個面向時，它就會反過來主導你的人生。

如果我們仔細觀察，我們每個人都能看出自己乏味愚蠢之處。如果我們是對自己很坦誠，現在也沒有表現出來這些特質，那麼就必須從過去找出自己顯得乏味愚

蠢的時候。我們對自己的看法，才是最重要的看法。如果我們對自己的人生感到滿意，就不會在乎別人說什麼。以諾曼的例子來說，他過去三年來埋首書堆，非常努力要在學業上名列前茅。有些人或許會覺得他很乏味，因為他只在讀書。也有些人可能會認為他把時間浪費在讀書上是很愚蠢。要等到諾曼能真正喜愛自己乏味愚蠢的一面，並且將這些特質整合到自我內在，他才會停止不斷地想向外在世界證明自己聰明又有趣。但當我們努力不要成為某種樣子的同時，我們也耗損了自己的內在力量。

我們來到這個世上是要向我們自己的所有這些部份學習，並且與之和平共存。要真正成為一個真實的人，我們必須讓自己的各種面向並存，包括我們喜愛與認可的、厭惡與批判的所有面向。當我們能不帶批判，真心喜悅地接納所有的這些特質，它們就會自然而然地整合到我們的內在系統之中。如此，我們就能摘下面具，相信宇宙是以神聖的設計，創造出我們每一個人。然後我們就能昂然擁抱自己內在的世界。

練習

若要獲得完全的自由，我們需要能夠承認擁有和接納別人身上讓你反感的所有特質。

1. 請參照你在第四章練習一裡列出的清單。坐在或是站在鏡子前，將清單上的形容詞套入「我是……的人」。一遍一遍地說出，直到那個字詞不再牽動你的情緒為止。這種方法非常有效。如果全心投入承認擁有某個特質，我還沒見過有人失敗的。如果你覺得卡住，覺得對於曾表現出此特質的人感到氣憤難抑，或是對自己具有某項特質感到惱怒，請暫時離開鏡子前，坐下來，然後針對那項特質寫一封「幹譙信」。用這種方式抒發怒氣是健康的。這信只給你自己看，不必真的寄出或是唸給別人聽。你寫這封信的目的只是要釋放心中鬱積的情緒。如果你不知要寫些什麼，不妨從「我對你非常生氣，因為……」的句子開始，然後盡快寫下來，不要

想太多。想到什麼就寫什麼，也別管語法正不正確、句子通不通順。只要專心釋放舊有情緒和毒素即可。

這個練習可以有助於排出累積在我們體內的有毒情緒。如果在過程中湧起任何情緒感受，試著與它們同在。你也許會發現，要寫出那些以前自己嚴厲批判的字詞是特別困難。即便你因此而哭泣，也請完成這個練習。到了某個時刻，你會注意到，你對那些字詞的敏感情緒已自然而然地消失了。

2. 利用同一份清單，試著回想過去自己在什麼時候表現出那些特質。如果想不出來，可以問問自己在什麼情況下可能會表現出那種特質？有人說過我有那樣的特質嗎？請將回答寫在每個字詞的旁邊。

第七章　擁抱自己的陰暗面

我們大部分人都渴望感受到心靈的平靜。這是我們一生的追求，需要我們擁抱自己的整體存在才能達成。發掘我們特質裡（即便是最痛恨的特質）所蘊藏的禮物是一種創造性的過程，只需懷著傾聽和學習的深切渴望、願意放下偏頗的評判和信念，以及準備好感受煥然一新即可。「真我」不會做任何批評。只有受到恐懼驅使的「自我」才會端出種種批判來保護我們——但這種保護反而會阻礙了自我實現。我們必須願意去愛自己所害怕的一切。「我的怨懟遮蔽了世界的光。」《奇蹟課程》裡這麼寫道。

為了超越自我和跳脫它的防衛，你必須靜下心來，拿出勇氣，傾聽自己內在的聲音。我們每一個人的社交面具背後都隱藏了無數張面孔。每一張面孔都有它自己的人格，每一種人格都有其獨特個性。藉由與這些次人格進行內在對話，你可以把

自我本位的偏見與批判轉變為無價珍寶。當你能夠接受自己內在陰影的各個面向所傳送的訊息，便能開始拿回自己交給別人的力量，同時建立與「真我」之間的信任連結。那些你掩藏起來的特質，當它們所發出的訊息進入到你的意識之中時，就會帶領你與自己內在的自然節奏達到平衡與和諧的狀態，也會恢復你解決自身問題的能力，並且揭示你的人生目的。這些內在訊息會引領你發現真正的愛與慈悲。

在我開始懂得與我的次人格溝通之前，我得要依賴別人來幫助我找出自己的問題所在。我去找過一個又一個的治療師，嘗試接觸靈媒、算命師、占星家來尋求答案。每當我感覺自己有問題，每當我感到憤怒或憂傷、或甚至是過度高興，我就得打電話或是花錢請別人告訴我發生了什麼事。這是什麼樣的人生啊！假如對方講的是我想聽的，我便覺得這人真是厲害。但要是對方說的是我不想聽的，我就會再去找其他人，一直到我得到自己想要的答案為止。

我知道，我必須找到其他別的方式，才能活下去。上帝創造了人，但為什麼卻讓我們無法瞭解自己？為什麼我們還得要付錢請別人告訴我們，自己是怎樣的人？現在我才明白，我們每一個人其實都經過巧妙的設計，能夠療癒自己，重新恢復完

整。但有時候我們的確需要一點幫助。練習與次人格交談，便是有助於瞭解自我的絕佳方法。

次人格可以幫助我們真正認識自己

探索次人格可以幫助我們找回失去的自我。首先，我們必須要辨識出自己的次人格，接著為它們取名字，如此就能抽離它們。為它們命名的用意是要創造出自身與次人格之間的距離。心理綜合學的創始人羅貝托・阿沙鳩里（Roberto Assagioli）曾說：「我們會受到自我所認同的一切事物所掌控。但我們可以主導與控制我們不認同自我的一切事物。」假如我把我討厭自己的特質，例如「愛發牢騷」，取名為「愛發牢騷的汪妲」，瞬間它對我似乎就變得沒那麼具有威脅性了。可以這種有趣的方式為自己的各種面向命名，我就不會那麼討厭它們，而且還使我可以後退一步，以客觀的角度看待它們。用這個方式可以開始解除這些特質對我們人生的掌控。

我第一次接觸到「次人格」，是在加州甘迺迪大學一門「超個人心理學」的課堂上。當時，每週我們都會學習與體驗不同的情緒治療模式。探討到心理綜合學的那個星期，完全改變了我的人生。我與自己不同的面向，也就是所謂的「次人格」，展開對話，並且開始探索出它們是誰，以及如何才能讓它們與我合為一體。當然，這樣做的目標是為了要找出當中蘊含的禮物。而當我找到了禮物，我也就能接納自己否認的自我面向。

我們的老師蘇珊娜一開始先引導大家觀想自己坐上一輛巴士。她要我們看見車廂內載滿了乘客。在我腦海浮現的那輛巴士裡，我看到許多不同的人，有老有少，每個人的穿著各異其趣，有人穿迷你裙，也有人穿喇叭褲。我看見了胖胖的女孩、扁瘦的女孩，還有黑髮、紅髮、大胸脯、平胸的女孩。我見到了我所能想像到的各種體型樣貌的人，有高的、矮的、馬戲演員、各種膚色和國籍的人。那是一輛大巴士，裡面擠滿了人，只是我都沒什麼興趣想要去認識。我當下冒出的第一個念頭是：「喔不，我得再想一個比較好一點的。」蘇珊娜告訴我們，我們必須去認識自己假想巴士裡的所有人，無論他們是我們喜歡或是不喜歡的人。

每一位乘客各自代表我內在的一種面向，每一位都會為我帶來特別的禮物。只要我願意認識他們，傾聽他們，他們隨時都會送給我獨特的東西。蘇珊娜要我們自己跟著巴士裡的任何一位次人格下車。站在我身旁的「大嘴肥女柏莎」牽起了我的手。她是第一個想要與我對話的次人格。但我看了看她的模樣，心想：「我才不要跟這女人下車。我要去找其他人。」柏莎年約六十，身高一百五十公分左右，體重超過九十公斤。就外表而言，她是我最可怕的噩夢。她一頭白髮稀稀疏疏，剪得亂七八糟，東翹西翹的，身上散發著一股髮膠味道和菸味。她穿著橘色大圓點的米色寬鬆洋裝，肩上披著一件用老舊生鏽別針固定住的駝色上衣。她兩腿肥胖，絲襪破洞，腳上穿著的塑膠鞋破破爛爛。

我掃視周遭，期盼有人把我從肥女柏莎的身邊解救出來。但沒有人過來。柏莎滿臉不悅，最後乾脆抓起我的手，硬拉我下車。我們坐在附近的長椅上，開始聊起來。她告訴我，她是我的一個次人格，我必須學會與她和平共處。她說，她不會離開，而且只要我打開封閉的心，我就會發現她其實能帶給我很多東西。蘇珊娜接著引導我問柏莎，她要我教導我的是什麼。柏莎回答說，我不應該以貌取人。她說她

一眼就能識破我虛偽的自我形象。我想反駁，但我突然意識到，在第一次見到她時，我確實對她有極大的偏見，甚至打從心底不想跟她說話。

柏莎繼續跟我說，要是我不正視這個問題，我就永遠無法在靈性上有進步。她提醒我，我老是批評我認為是胖子的人，而且我只願意跟那些外表我覺得順眼的人來往。我心裡知道她說得沒錯。我會裝得自己一副在靈性上很成熟、不受外表這種外在事物影響的模樣，但我只是在欺騙自己。我還以為，幾年前我就曾經處理過這個問題，已經不會再有這樣的行為。但柏莎大媽卻告訴我該醒醒了；我還要多多努力。蘇珊娜要我們問問自己的次人格帶來了什麼樣的禮物。肥女柏莎回答，她要送給我的禮物是「完整」。如果我真心相信自己是宇宙全像的一部分，我就必須學會接受她，不管我喜歡與否。她說，我必須要以慈愛和慈悲，看待我遇見的每一個人，才能清楚完整地看見自己。她也告訴我，遇見她可說是我人生中非常重要的邂逅。她說得一點都沒錯。

「大嘴肥女柏莎」是根據我無法接納的某個自我面向，從我內心創造出來的人物。透過這種引導式的觀想，她能夠跟我對話，同時也為我上了寶貴的一課。我花

了好幾個月的時間徹底消化這次的經驗。肥女柏莎的一切是那麼真實、完整和自然。這樣的一個人怎麼會是我潛意識的一部分？她究竟來自何處？為什麼她會那麼睿智？我反覆問自己這些問題。儘管我曾如此抗拒接受她，但如今我想要瞭解她更多。

慢慢地，我鼓起勇氣回到腦海裡的那輛巴士，去認識其他的人。我引領自己透過觀想進入，然後詢問哪一位次人格想與我對話。這是我第一次獨自面對自己內在的這群人，沒多久，「憤怒的愛麗絲」走上前來跟我打招呼。她嬌小柔弱，一頭濃密的鮮紅色爆炸頭。她開口的第一句話是：「別看我個子小，我可是個狠角色。所以妳休想要我！」愛麗絲說她很受不了我總是想要擺脫她。她告訴我，她搞不好是我這輩子最好的朋友。我的憤怒情緒之所以會出現，是為了指引我、警告我，而且當我有危險時，憤怒的愛麗絲會對著我咆哮。由於我總是忽視她給的線索，所以為了引起我的注意，她不得不誇張地表現出來，對著我周遭的人發火。愛麗絲告訴我，她送給我的禮物是：我的強烈直覺能引領我建立健康的人際關係。她說，我幾乎沒什麼良好的人際關係，是因為我只顧著說話，而不去傾聽自己內在的聲音。

要接納憤怒的愛麗絲並不容易，因為我知道自己向來都是以不恰當的方式發洩怒氣。我曾努力過很多年，嘗試想擺脫自己的憤怒。但愛麗絲其實並不需要消失；她需要的是接納與關愛。她希望我傾聽自己的心，而非倚靠頭腦的指引。當我開始把愛麗絲視為盟友，她就平靜下來。我開始能夠以健康、合理的方式表達憤怒情緒，而不再是失控爆發。

接下來我遇見了「暴食的葛莉塔」（她可以一口氣吃掉一整個巧克力蛋糕），以及「低俗的崔西」（她愛穿迷你裙且滿口髒話）。暴食的葛莉塔挪動她肥胖的身軀過來跟我說，大嘴肥女柏莎是她的好友。葛莉塔要送給我的禮物是寬容，以及與其他人的內在連結。她還告訴我要慢下來、關照自己。她說，我絲毫沒有意識到自己一直忙個不停，就像一台高速運轉的機器。所以她才會失去理智，猛塞食物來填補空虛。至於低俗的崔西，她帶來的禮物是優雅。崔西希望我把自己視為王室成員一般，行為舉止要端莊。如果我偏不要這麼做，她就會火大，拚命炫耀賣弄來吸引大家注意。當我探索出這些負面特質中的積極面向，並且開始接納它們，我的人生就不再受它們掌控。它們是我的心靈良師。只要我回應它們需要被關愛、或僅僅是

放慢腳步下來的請求，它們就會被整合到我的意識之中，促使我懂得要愛自己與成為完整的自己。當我擁抱這些性格特質，我就不必非得要吃掉一整桶冰淇淋或是穿著過短的裙子。當我接受自己內在的這群新朋友，他們就不再出現於我的人生中。

我在學習這個技巧的時候，正好與我的男友里奇一起住在舊金山。我們發現這是一種有趣方式，可以讓我們談論彼此內心的陰影。在某次長途的車程中，我們列出了經常出現在我們關係裡的次人格。我們的列表如下：

黛比

頑固的芮塔
憤怒的愛麗絲
霸道的狄克西
分析魔人普莉西雅
公主鮑琳娜
瑜珈信徒尤蘭達

控制狂凱莉
情人寶貝羅莉
正義蕾妮

里奇

獨裁專制的迪克
不懂裝懂的尼克
我行我素的馬文
運動狂吉米
情人寶貝班尼
精明能幹的肯恩
好為人師的湯米

我們在做這個列表時笑到不行。但我們找到了一種方式，可以認真談論彼此讓

對方感覺難受的特質，又不至於讓兩人關係產生疙瘩。當有問題出現時，我能夠不再以指責的態度去講里奇。我不會說：「你只想要控制我。我討厭這樣。」而是會說：「獨裁專制的迪克出現了。你能幫我跟他談談嗎？」如此便自動緩解了我們之間的緊繃，因為這樣講的話，聽來就不會像是人身攻擊。如果我又開始想要解析里奇跟我說的話，他就會直接告訴那位分析魔人普莉西雅，他現在不想被過分解讀。雖然對於事情太過於在意向來是我在關係中的一大課題，但我就從來不會把這樣回應的方式看成是針對個人。

次人格反映出我們內心無法接受的行為。我們會排拒，是因為我們不能或不想接受它們。由於我把自己的某些部分封閉起來，因此我也脫離了自身的整體存在。當我往自己內在探尋，我才發現這些遭禁錮的特質在吶喊著要引起我的注意。而它們指引了我繼續朝著改變人生的方向前進。我漸漸相信，我們的次人格就跟其我們有的特質一樣多。我就在自己身上找出少一百個次人格，而且每當我仔細檢視，總是能再發現新的面孔、新的聲音、新的收穫。即便是最黑暗的次人格也都蘊藏著禮物。我們只是需要願意花點時間與它們相處，傾聽它們充滿智慧的話語。

掌控自己人生要往哪裡走，是你能送給自己的最好禮物

你必須願意花時間探索自己內在的世界。在沃許的《與神對話》一書中，神提醒我們，「如果你不往自己的內心探索，你哪也到不了。」如果你認真看待這句話，它會改變你的人生。當你走入自己的內在世界，並且跟完整的自己建立連結，你會開始發現自己掌控人生要往哪裡走的能力。這是你能給予自己的最好禮物。然後，當你說「我要得到更多的財富、更多的愛、更多的創造力、更多的朋友，或是更健康的身體」，你就會得到具備實現心願所需要的強大信念。

當你開始與內在聲音對話時，「信任」會是一大課題。大部分人常有的疑惑似乎是：「我怎麼知道自己聽見的是不是內心真實的聲音？」與自己的次人格接觸幾次後，你很容易就能區分自己究竟是在與次人格對話，還是在聆聽自己的負面碎念。內在的負面聲音不會帶給你正面的訊息或禮物。有許多方法可以幫助你進入真正的內在世界。靜坐冥想就是一個理想的方式，能夠讓頭腦安靜下來，平息負面的內在雜音。如果你沒有上過冥想技巧的課，或許可以買個冥想教學有聲書，跟著裡

面的指示，做呼吸跟放鬆身體的練習，來幫助自己脫離頭腦的控制。另一種快速簡易的靜心方式是是跳舞。放一段柔美的音樂，讓自己隨著音樂自由律動半小時左右。接著坐下來，閉上眼睛，開始平順自己的呼吸。一旦你處於真正平靜的狀態，就能清楚分辨「頭腦」和「心」的聲音。這是需要經過一些練習，但只要你學會分辨這兩者，就會讓你更容易發現與探索自己的次人格。頭腦的聲音多半是很冷酷，而內心的聲音，儘管很直白，有時候還很強硬，但卻永遠充滿慈悲。

很重要的一點是，你必須真心歡迎你的次人格。這說起來容易，但往往很難做到。這種時候你可以想想自己最壞的情況，或許會有助益。因為無論最後的結果為何，可能都比你原本料想的好很多。人們往往會對於自己召喚出來的次人格樣貌感到震驚，因為大家通常期待的是如天使般的人物。次人格有可能是無頭的樣貌，也有可能看來像動物、怪獸或外星人。不論你在內心觀想中經歷到什麼，那都是為你而存在。重要的是，不要去批判你遇見的人物，或是你所經歷的一切。

次人格也常常出現你認識的人，例如舊情人、前老闆、家人，通常是跟你處不好的人。當這些熟悉的面孔在你的潛意識裡出現時，別急著迴避他們。試著跟他們

共處，弄明白他們想要教導你什麼。你或許能暫時把他們忘掉，但如果你不面對這當中存在的課題，他們會一再出現在你的人生中。這不是什麼紙牌遊戲，你不能把自己不想要的次人格扔掉，然後換張新的牌。事實上，你最排斥面對的人物反而能帶給你最寶貴的東西。

雪莉是前陣子來找我的一位個案，她看起來什麼都擁有了。很少女性能像雪莉在事業上這麼成功，名利雙收。她登上娛樂產業的成功階梯，極為努力地爬上頂峰。她得到的幾乎都是正面的評價，但還是非常在意外界的批評。在多年的忙碌打拚之後，雪莉決定休假幾個月來探索自我。她雖然知道自己經常表現出咄咄逼人的樣子，但她還是非常討厭這個部分的自己。當她講出「我是個強勢的人」的時候，臉上表情緊繃，眼淚奪眶而出，顯然她無法與自己的這個面向共處。我們面對面坐著，我請她試著一遍又一遍說出「我是個強勢的人。我是個強勢的人……」。

雪莉依然無法坦然看待自己的這個面向。於是，我請她閉上眼睛，引領她坐上想像中的巴士。我們召喚出一個名為「強勢艾麗」的次人格。艾麗五十多歲，有著紅色蓬鬆的大捲髮，身穿深藍色套裝，整個人散發強大的氣場。起初雪莉並不喜

歡這號人物。但我們問強勢艾麗，她帶了什麼禮物要給雪莉。艾麗的回答是「保護」。艾麗說，雪莉在為事業打拼的過程中，她曾保護雪莉，不讓任何人阻擋她、傷害她，或是妨礙她實現夢想。接著我們問強勢艾麗，她需要什麼才能讓她覺得跟雪莉是一體的？艾麗說她需要愛與接納。她厭倦了一直做這個受雪莉指責、可怕又刻薄的女強人。強勢艾麗是幫助雪莉功成名就的人，而現在她希望得到一些讚許。就艾麗看來，她的要求並不算太多，她需要的只是雪莉的關愛，以及感激她在雪莉的人生中所發揮的價值。

雪莉躺在我的沙發椅上開懷大笑。她開心極了。她喜歡上了這個強勢的艾麗。她擁抱了這個她一直想埋藏起來的部分，而這個部分曾讓她感到羞愧和自我厭惡。弔詭的是，當擁抱了自己強勢的一面，雪莉才能真心為她自己的成功感到喜悅。現在她終於能享受自己辛勤努力的成果。這往往就是這樣運作的：你身上的某個特質蘊含了禮物，而你可以運用這份禮物幫助自己達成生命中想追求的目標。但因為此特質並未完全整合到你的內在，而且你對它有負面評價，所以它便兀自存在著，以不恰當的方式表現出來。除非我們擁抱那些被我們排拒的特質，否則它們會一直顯

現出來，直到它們的需求被滿足為止。記住，你刻意抵抗的，會一直持續存在。當雪莉接受了「強勢艾麗」的存在，她對自己的強勢就不再感到痛苦焦慮。如今她只會在適當的時候放心地展現自己的這個面向。

用新的視角觀看自己不想接受的特質

關於擁抱自己的特質，還有一個有用方法，那就是邀請其他人進入你的意識，從他們的視角來觀看你不想接受的特質。想像某個令你欽佩敬仰的人，也可以是宗教人物或是心靈導師。然後把注意力集中在你還是很難接受的字詞上。請教對方是如何看待你的這個面向。你所挑選的對象最好是睿智、懷有慈愛之心的人。或者也可試試以你人生中的重要人物為對象，最好是你的父親或母親，或其他家族成員。以下是我個人的例子。

我難以接受的字詞是「邋遢」。我不喜歡自己邋遢的一面，所以我總是試圖遮掩。我打理生活的方式是，請保姆照顧我的兒子、打掃屋子。保姆幫我把家裡收拾

得一塵不染，整整齊齊。雖然我沒有親力親為，但我喜歡自己的家看起來乾乾淨淨。我家永遠都保持得乾淨整潔，從來沒有人用「邋遢」二字形容過我。但如果有人說，我是個邋遢鬼，我的情緒就會受到影響。因此，我閉上眼睛，調整呼吸，接著專心想著「邋遢」這個形容詞。它讓我覺得有些難受和緊繃感，而這些感覺背後隱藏的是恐懼。我追溯這股恐懼的源頭，想起了母親以前曾罵我邋遢。我害怕自己若是很邋遢，就不會被愛。我閉著眼睛，在內心想著德蕾莎修女的樣貌。我問她，我該如何重新詮釋「邋遢」這個字眼，才不會一直痛恨它。我說，我希望為這個負面字詞灌注愛，然後我專心傾聽她的聲音。她告訴我，我的邋遢特質其實是在玩耍，那只是我展現自己內在小孩的一種方式。我只是覺得把衣服亂扔在地上很好玩，所以不必覺得這有什麼大不了。她告訴我，「邋遢」給我的禮物是「井井有條」。由於我從小就被碎念很邋遢，所以現在我有把一切事情打理得井然有序、看起來完美的獨特能力。於是，對於這個特質，我得到一種全新有力的詮釋。

我再次閉上眼睛，想像金恩博士來到我的內心，請他對我的邋遢給予新的詮釋。他說，因為我對人生充滿了熱情，所以我總是急著要去做下一件事情，結果就

顯現出「邋遢」的樣子。我太急了，根本顧不了那些瑣碎的小事，像是把東西歸位。他說，我的熱情與熱忱正是邋遢特質送給我的禮物。而由於我為自己的這項特質負起責任，還有請人來做這些我自己不喜歡做的事，因此我可以專心處理比較重要的工作。這是第二種詮釋。

如今我開始喜歡上我的邋遢。我感覺自己有足夠的勇氣了，於是在內心觀想那個老是罵我邋遢的母親。我請她告訴我關於「邋遢」的新詮釋。她說：「我之所以常罵妳邋遢，是因為我很羨慕妳可以大剌剌地把衣服扔在地上，然後就不管了。」她說，她從小就對自己要求很嚴格，因此根本無法忍受東西亂放。我的邋遢讓她看見了自己的拘謹，所以她才會如此惱火。她繼續說道，「邋遢」給予我的禮物是「自我表現」。我小時候很喜歡畫畫。我會完全投入其中，試著用不同的顏色和筆觸去畫，有時甚至用手畫。我從不會因為擔心弄得亂七八糟而害怕嘗試。我的邋遢帶給了我自由。這是關於邋遢的第三種詮釋。

我還可以繼續探求更多種詮釋，但在這不到十分鐘的時間裡，我對自己的邋遢特質已有新的尊重。現在我會覺得它是帶給我許多禮物、討人喜愛、而且是正向的

性格特點。我明白了我只是好玩，想要表現自我而已。現在當我閉上眼睛想起「邋遢」這個字眼時，我能夠心裡沒什麼芥蒂，坦然接納。愛會帶來療癒，有時候關鍵就在於用新的角度來理解自己的感受或經驗。

追溯童年記憶，以慈悲的眼光看待自己

在你準備好要擁抱自己抗拒擁有的特質時，有一種方法會很有幫助，那就是回想你當初是怎麼一步步相信，某種特質是「不好」的整個過程。回溯它是在哪個時刻開始掌控了你，然後找出你受到自我驅使、對它做出負面評價的源頭。我有一位朋友彼得，他始終無法接受自己軟弱的一面。於是我請他閉上眼睛，回想一下自己以前表現軟弱的例子。他首先想起高中時，他每個學期都在換不同的體育選修項目，因為他自認能力不足、無法跟同學競爭。他想起在那所私立男校，自己在班上同學裡顯得很軟弱。我請他再深入挖掘出更早之前的經歷。彼得想起在他八歲時，有一次去參觀他們家新房子的建築工地。當時通往二樓的階梯之間還沒裝上擋板，

因此往下望就能看見一樓地面。彼得記得他母親和姊姊帶他上樓去看他的新房間，但當他要下樓時，才發現她們已經在樓下了。彼得不敢獨自下樓，深怕一不小心就會從階梯空隙掉下去。他看到母親和姊姊都在樓下了，就喊她們帶他下去，但她們都拒絕來幫他。母親告訴他，他必須自己下來，否則就要丟下他不管。彼得害怕得不知所措，遲遲不敢踏出步伐。結果，他的母親和姊姊真的就走了，過了半小時後才回來。當下彼得把這個教訓牢牢記在心裡：「如果我軟弱，女人就會離開我。」從此之後，他無法顯露自己軟弱的一面，因為他相信這樣會使愛他的女人離開他。

我們大多數人都受到自己內在小孩的影響。這個需求得不到滿足的內在小孩會一直乞求獲得我們接納。因此，盡可能追溯童年記憶會有幫助。從那個記憶深處，你會比較能夠以慈悲的眼光看待自己的某個面向。雖然彼得長大後成為一個勇壯的男人，但他的每段感情都無法維持半年以上。他總是選擇離開。藉由追溯他所否認的軟弱特質，彼得找出了軟弱特質掌控他的力量根源。從面對這個童年的事件當中，他能夠重新接納自己的軟弱特質。為了幫助他接納自己的這個面向，我請他在心裡想像兩位他所敬仰、富有人性關懷和慈悲之心的人物。他選擇的是佛陀及達賴

喇嘛。彼得在心中請教佛陀，軟弱為他帶來了什麼禮物。佛陀回答他說，它讓彼得對於別人的軟弱懷有深切的憐憫之心。達賴喇嘛則告訴彼得，軟弱造就了他開朗的個性，同時也讓他能夠在社交場合中跟大家相處得很自在。感覺自己軟弱反倒讓彼得渴望建立關愛、溫暖的外在形象。

接著，我建議彼得想想自己的父親或母親。彼得閉著眼睛，想像父親進入他的意識之中。父親告訴彼得，他因為要努力克服自己的軟弱，而學會了堅毅，不管任何狀況都能堅強挺住。然而，也因為他無法接受自己的軟弱，為了要向外界證明自己有多麼剛強，他總是踏上艱難的道路，結果為自己創造出一個充滿磨難、曲折歧路與錯失機會的人生。彼得的父親認為，只要他能學會這些教訓，並且接納自己的軟弱，他就能開展出順遂的路途。

我近來得知，彼得正在從事音樂創作。雖然他對音樂充滿熱愛，但他從未想過這是一條可行的職涯道路。彼得現在已不再每半年就換新的工作或找新的戀情，而是能夠把精力傾注在創作歌曲和錄製試聽檔。他正在學習創造一個沒有磨難的世界，在那裡，他可以放心地表達自己的情感與創造力。

如果我們不改變我們對真實自我的認知，就會陷在重蹈覆轍的困境之中。你的次人格能夠告訴你還有哪些未完成的功課、要做什麼才能解決一再重複出現的問題，以及該怎麼做才能學會某個課題。只要願意聆聽，你會發現自己的次人格很幽默、見多識廣、誠實、寬容，是這個宇宙之中最有智慧的人，因為他們會帶給你源自於你內心的答案。

只要進入內心，你就能夠接觸到任何你所認識的人。你要做的只是安靜下來、召喚對方來到你的潛意識。在你觀想某個特定人物並開啟對話之後，你可以問任何想問的問題。你可以請教對方是如何看待某個問題、並且給予忠告。每一個人物所說的話都是來自於你的內心——你需要從他人身上所獲得的答案都源自於你的內心。不論他們是你的愛人、家人、朋友、英雄或心靈導師，不論是被你排拒，或是把你排拒在外的人，這些人都能透過你的內心與你對話。

幾年前，我對於人生感到很迷惘，不知道該怎麼走下去，過得很痛苦。在那段期間，我閉上眼睛問自己：「我到底該向誰請教？」我想起一個在幾年前認識、我相當敬重的人。我的朋友史蒂夫，他的臉龐就這麼浮現在我眼前。我在心中反覆想

了好幾天，拿不定主意該不該打攪他。因為找史蒂芬討論我的工作和感情問題似乎不妥，畢竟我們後來都沒聯絡了。某天我在靜坐冥想的時候，我試著觀想史蒂芬、請他指點迷津。我從來沒這樣做過，但我想試試也沒什麼損失。結果，令人驚訝的事情發生了：史蒂芬竟然開口跟我說話。他說，他很高興我來找他幫忙，而且清楚明白地回答了我所有的問題。結束後，我感覺剛剛像是跟真正的史蒂芬相處了一個小時，我不僅獲得他充滿智慧的建言，也感受到他的關愛。那真是一次奇妙、令人大開眼界的體驗——既簡單、直接又中肯，我甚至不必踏出家門或是花錢打電話。後來的幾個月裡，每當我需要指引的時候，我會在內心尋求史蒂芬的幫助。我在自己的內心找到了一位知己好友。

我的父親去世後，我的好姐妹席拉也曾用類似方法陪伴我。那時候我想到父親都還沒見過我的兒子鮑兒，就悲傷不已，悲慟難抑的我，於是去找了席拉。席拉要我閉上眼睛，想像父親和我兒子一塊玩耍的畫面。我的父親彷彿就站在我面前，告訴鮑兒，他會永遠守護著他。父親還跟鮑兒說，他有多麼熱愛音樂，希望鮑兒也能領會到音樂之美，學學他留下的那些樂器。這個動人且極其珍貴的經驗，緩解了我

的喪父之痛。當我跟席拉結束觀想之後，我確信父親會永遠在我內心指引我、安慰我，而且我也能藉由與鮑兒分享父親對音樂的喜愛，讓鮑兒多瞭解自己的外公。原本的喪父之痛，便從難以自拔的絕望與失落感轉變為樂觀的情緒。

你的次人格一直等待著你進入內心並找回他們。他們希望的僅僅是關心與接納。他們要談的是你的未來，不是你的過去。不論他們顯現的樣貌是你熟悉的人物或是幽暗不明的人影，他們都會一直在那裡指引你、擁抱你、撫慰你。如果你跟自己做朋友，就能打破自我迷失或失去他人的這個循環。你會發現，我們從未失去任何人：我們彼此的關係只是改變了形式。某個人或許形體已經不在了，但卻會永遠存在於我們的心中。找回你所憎惡的每一部分自己，便能開啟一個可以通往整個宇宙的內在世界。

我們自身的每個部分都帶著光亮

我們每個人都有能力給予自己獲得快樂與完整所需的一切事物。當我們與完整

的自己重新建立連結，就不可能感到寂寞、孤獨或是被冷落。我們必須探尋自己內在的世界，並學習如何關愛、敬重與尊崇它。然後我們便能相信自身內在的浩瀚與偉大。當我們發覺到內在世界的神奇魔力，我們便會懂得敬畏自己。帶著這股敬畏，我們會迎來平和、滿足，並對於我們生而為人充滿感激。

每一個次人格都會給你帶來禮物。你內在的每個面向，無論你喜不喜歡，都對你的生命有益處。認為那裡只有陰暗面的人，是在欺騙自己。我們自身的每個部分、跟這個宇宙的每個部分，都有光亮。不去發掘出我們內在的禮物，就等於是抗拒生命這個非凡的設計。我們的靈魂渴望學習這些寶貴的功課。我們必須停止批判我們靈魂的旅程，相信我們人性的特質與永恆的良善。有句古諺說：「萬事萬物都必須生生不息，否則就會衰亡。」我們一生最高的目標就是要從經驗中學習成長，然後繼續前進。一旦我們領會了我們自身特質的益處，就能真正自由地選擇自己渴望的人生樣貌。

練習

這個練習請在自己非常放鬆的時候進行，例如散步或洗澡完之後。你將會傾聽自己的內在聲音，所以必須盡可能地讓心靜下來。清晨起床或入睡之前也是不錯的時段。請放個輕柔的音樂、點根香氛蠟燭來幫助自己進入放鬆狀態。閉上眼睛，開始調整呼吸。做幾個緩慢深長的呼吸。吸氣時，屏住氣息五秒或更長時間，然後再緩緩吐氣。做個四到五次，直到內心平靜下來。

現在，想像自己上了一輛黃色大巴士。在車廂中間找個座位坐下來。你對於這段期待已久的旅程感到興奮不已。想像這輛巴士行駛在街道上，天氣非常晴朗。你自顧自地坐著，這時有人輕拍你的肩膀。你抬起頭來，對方開口說：「哈囉，我是你的一個次人格，這巴士裡的其他乘客也都是你的次人格。你何不起來，去瞧瞧大家？」於是你從座位上站起來，在走道上走動，看著坐在巴士上各式各樣的人物……

你看到形形色色的人，有高、有矮，有老、有少，還有馬戲演員、動物、流浪漢。和你一起在這巴士上的人，有不同的種族、膚色跟信仰。有些人向你揮手打招呼，有些人則靜靜坐在邊角。你繼續往前走，逐一觀想巴士裡所有的人物。接著，司機指示你要讓你的一位次人格帶你下車到附近的公園走走。慢慢來，讓你的次人格主動上前牽起你的手，陪你下車到公園。

坐在那位次人格的身旁，詢問對方的名字，以及他（她）代表的特質。舉例來說，假如你遇到的是代表憤怒的人物，那麼你可以稱這人為「憤怒的阿福」或「憤怒的安娜」。要是你沒聽到對方大名，那就替他（她）取個名字。慢慢來，不用趕時間。觀察對方的穿著與長相。他（她）的身上散發什麼氣味？注意他（她）的情緒和肢體語言。再做一次深呼吸，然後問對方：「你要給我的禮物是什麼？」領受到禮物後，接著問：「你需要什麼才能回歸完整？」或是問：「若要整合到我的內心，你需要什麼？」

仔細聽完答案之後，最後再問：「你還有什麼話要告訴我的嗎？」結束對話時，記得向你的次人格致謝，並且陪他（她）走回巴士。當你準備好後請睜開眼

睛，寫下你的次人格帶給你的訊息。然後拿出日誌本，利用至少十分鐘的時間，把你這次的經歷記錄下來。

假如你沒有從你的次人格身上得到你需要的答案也別氣餒。要聽見次人格傳達的所有訊息需要時間和練習。跟自己約定個時間再做一次。這個練習是需要你向自己的內在順服，所以務必找一個讓你感到安心的環境練習。

第八章　重新詮釋自己

如果我們的過往一直未獲得療癒，它將會毀掉我們的人生，也會埋葬我們獨特的天賦、創造力與才華。當我們的這些部分沒有被挖掘出來，就會淤塞在我們的內心：我們會利用這些部分與世界為敵，而不是與這個世界和諧共處。我們以為自己是對這個世界感到憤懣，以為自己是想要改變這個世界，以為如果這個世界變得不同的話，我們就能實現夢想。但需要改變的其實是我們自己。我們氣自己沒有堅持下去、沒有尊崇自己內在神性、沒有准許自己展現真實的樣子。我們以為我們是怨恨父母在小時候壓制我們。但我們真正怨恨的是自己擺脫不了父母的壓制。這就好像很久以前有人把我們關進籠子裡，後來就算籠子已不復存在多年，但我們卻依然奮力對抗籠子無形的高牆。這個籠子就是我們加在自己身上的限制、自我懷疑和恐懼。我們被教導追求夢想會很辛苦。但或許我們沒有瞭解到的是，無法追求夢

想、日復一日就這麼無望地過著生活，其實更辛苦。我們喪失了渴望，而渴望是充分發揮靈性潛能的關鍵。我們只剩絕望，而絕望會逐漸日積月累，顯現為身體上的疾病與內心的憤怒。如果我們不願與過去和解，便會把絕望和憤怒帶到未來。

要看清自己的過去、找回被拋棄的自我面向，所需要的力量就存在於你的內心。你要做的只是閉上眼睛、進入內在，然後詢問。你需要的力量就在那裡，然而，唯有當你想要改變人生的渴望大過於維持現狀時，這個力量才會出現。把自己的人生際遇歸咎於他人總是比較輕鬆。當我們與自己失去了連結，我們便與自己的神性失去連結，而因為我們不信任自己，所以也會認為別人不可信任。對某些人而言，過往的傷痛太大，因此會相信，責怪與否認是唯一能與之共存的方法。但如果你想要改變現在，就必須擁抱過去。如果你想實現自己的願望，你就得為發生在自己身上的一切負起責任。

要預知一個人的未來，通常只要檢視他的過去就能略知一二。因為，過去會使我們認定，我們所能期待的未來跟我們的現在差別不大。這樣的想法讓大多數人在前進的道路上停了下來。這樣的想法模糊了他們對未來的願景，讓夢想飄逝而去。

環顧周遭，你會發現大部分的人都選擇安於現狀。你看看他們現在的生活，然後再過二十年，你會看到他們還是跟以前差不多。我們的核心問題，不論是跟性、錢財、人際關係、健康，還是工作有關，往往會一直主導著我們的人生。我們的過去影響了我們所說的話、所看到的東西，以及生活的方式。我們當中有些人不僅拖著自己的過去走，同時還背負著自己父母的過去。痛苦就這麼代代相傳，如果不對此加以反思，我們永遠都無法打破這種循環。

我們的核心信念使得我們開始否認自己的某些部分，而這核心信念總是與原生家庭和早期童年緊密相關。我們父母過去做過的、沒有做過的，都對我們的人生產生了極大影響，其他照顧者與學校老師也同樣影響了我們現在的樣貌。你在兩歲、六歲或八歲時候所經歷的痛苦，會潛存在你的意識表層之下。這痛苦在獲得轉化之前，會一直掌控著你的人生。我們大部分人從未探究過自己的核心信念，沒弄清楚自己是否刻意選擇了相信那些信念。我每個星期都會認識一些想成為藝術家或是作家的人，但他們卻深信自己無法如願以償。我問他們為什麼，他們的回答不外乎是沒有天份或學識不夠。他們相信自己講的理由，但不相信自己可以實現夢想。如果

探究他們信念的源頭，可以得知他們多半是被身邊所愛的人，以言語或是其他方式告知，他們沒有能力實現夢想。由於他們從未質疑過這個想法，因此被限制住了。他們甚至從未試圖去實現自己內心的渴望。

認清是什麼信念在掌控自己，我們就能為自己的人生做選擇

操控我們人生的核心信念聽起來都像是這樣的說法：「我做不到、這不可能發生在我身上、我不配、我不夠好。」不久前，有位名叫哈莉的年輕女子來參加我的課程。哈莉二十一歲，因為憂鬱症，她無法照顧好自己，所以是跟母親同住。上課第一天，哈莉安靜坐著，低著頭，避免跟大家有眼神接觸。她一緊張就會用手拍打桌子，這個習慣使得坐在她附近的人覺得不堪其擾。下課休息時，哈莉總是一個人弓著身子，雙臂抱膝，坐在地上。我要大家結伴去用餐，但哈莉還是獨自一人坐著。隔天，我走到哈莉旁邊，問她是否承認自己有「我好可憐」的面向。哈莉一臉納悶，微笑著問道：「我嗎？」她雖然什麼也沒說，但所傳遞出來的訊息清楚到像

是在對著我們大聲喊叫。我在她身旁坐下，問她覺得自己向外界傳達出了什麼訊息。哈莉說，她並沒有把自己看做是可憐的人。事實上，她非常厭惡別人表現出一副「我好可憐」的樣子，她的母親就是那副德性。我跟助教瑞秋向她描述了她展現出的可憐姿態，哈莉才似乎看清自己人生的困境。哈莉告訴我們，她內心深處相信自己是不得人疼愛。她的「我好可憐」的樣子，正是她博取別人注意力的一種手段。由於在哈莉生長的家庭裡，母親的言行舉止就像個小孩子一樣，因此她早已學會要比母親更勝一籌來獲取關心。

哈莉這個「我不得人疼愛」的核心信念深藏在她內心裡，一直沒有被發覺，因為她把這個信念投射到了自己母親身上。她無法看清自己。她一心一意只相信自己跟母親不同。然而，當我們告訴她，她在大家眼中的樣子，哈莉才瞭解到，自己的行為其實是從母親身上學來的。在擁抱了「我好可憐」的這個面向，以及覺察自己如小女孩般的行為舉止之後，哈莉在自己內心發掘出跟這些特質相反的面向，建立起像是「我是一個負責任的女人」的信念。幾個月後，哈莉找到了工作，從母親家搬出來，住進出租公寓裡。在對自己感到有自信的同時，她遇見心儀對象，首次談

戀愛了。一旦哈莉願意看清是什麼核心信念在掌控著她，並且誠實地加以檢視，她就能得到自由，為自己的人生選擇一條新的道路。

我們會不自覺地從家人身上接收許多信念，而且這些信念影響了我們往後所做出的人生選擇，但我們卻不曾這麼問過自己：「這個信念能賦予我力量嗎？」很多時候，我們只是依循著家人的腳步過人生。假如你領受的信念能帶給你快樂，那很好，但如果不能，你要反思。偏見、苦痛、罪惡感、羞愧會延續傳遞。你的問題，真的是你自己的問題，還是你承接上一代的問題？

所有的負面事件都隱含著祝福

我的祖母總是愛操心。她的核心信念是「即將有壞事發生」。我的母親跟她完全相反，什麼也不擔心，可是我卻承襲了祖母杞人憂天的習性。我經常會跟她有一樣的想法。我們對於我兒子的安全顧慮如出一轍。雖然現在看來再明顯不過了，但我卻是花了好幾年時間才瞭解，自己承接了祖母的憂慮特質，而祖母又是從她父親

那兒傳承過來。如今每當我發現自己又在擔心時，我會停下來問問自己，我是真的擔心，還是只是舊有的核心信念在作祟？只要我發現自己根本不用掛慮，並且認知到自己是陷在一種家族的思考習性，就能確認自己所相信的事實。每當我仔細審視自己，從這當中破除自己原有的慣性反應，我就更提升了自己的意識。然後我便能掙脫過去的束縛。

許多人都曾下定決心不要像自己父母那樣。然而，我們都必須承認，我們已經吸收了父母的許多優點及缺點。我們的父母對於自己過往的人生，已盡力而為了。我們無法改變過去被教養的方式，但只要我們願意去探尋自己經歷裡的課題，就會發現每一個事件都提供了我們學習與成長的機會。我一位最要好的朋友過去曾遭到她祖父性侵多年，她有一次對我說：「感謝上帝我有一段痛苦的過去，我因著學習如何面對自己過去這些所有的痛苦與折磨，才能夠成為這世上最機智靈巧的人。」

所有負面事件都隱藏著恩賜。有些人選擇活在一種錯覺之中，以為壞事會無緣無故地發生。但痛苦是有它的目的。它要教導並指引我們到達意識的更高層次。某天夜晚，我目睹了五、六名年輕男子在海邊被戴上手銬逮捕後，我在靜坐冥想中問

神：「到底為什麼，在這個美好夏夜，這群小夥子要在海邊惡意縱火？」我心中的聲音說，這是靈魂在引領他們找到回家的路。惹禍上身是他們內在神性的力量所發出的覺醒召喚。在監獄裡，經常可見許多血氣方剛的年輕男性在讀聖經及做禮拜。這些人以前幾乎不曾花什麼時間想起上帝，如今卻探索自己的心靈，尋找答案。我們生命中的考驗能帶來洞見，而這些洞見會幫助我們從扼殺我們熱情、讓我們遠離靈性中心的過去桎梏中解脫。

古有明訓說：「世界是智者的導師，是愚者的敵人。」沒有一個事件本身是痛苦的，完全是觀看角度的問題。重要的是，要瞭解，發生在這世界上的一切事情，都是每一個當下本該發生的事情。沒有錯誤，也沒有意外。這世界既有廣袤美好的蒼穹，也有無底的深淵。若我們能明白一切事物都是密不可分、缺一不可，便能比較容易接受這個世界的真實樣貌。回首過往，我的人生充滿了謊言和欺騙、傷害和痛苦、藥物和性愛。但我知道，如果我未曾有過那些經歷，未曾背負著那些黑暗面如此之久，我就不可能像現在這樣講授心靈課程。過去發生的每一件事、每一個難眠的夜晚、每一滴眼淚，都帶領我更接近完成自己的靈魂旅程。沒有人會以跟我一

樣的表達方式，說出我所說的、做出我所做的事情。我就是我，你就是你。我們每個人都是獨特的，都有屬於自己的特別旅程。

要從過去獲得智慧與自由，就必須為自己人生的一切承擔責任

我十三歲時父母離異。他們的分開讓我傷心了好多年。每到假期，我就會很悲傷、沮喪，只期盼新的一年趕快到來，這樣一切就可以恢復正常。後來，在某天晚上，我想通了自己為何會感到如此悲傷的原因。我通常都是跟母親一起過節，而一想到父親在感恩節時無法與自己孩子團聚就令我感到難過。更讓我傷心的是，我無法跟父親在一起過節。

我的心情一直很鬱悶，因為我知道，我無法改變什麼。儘管覺得自己很沒用、很沒力，我還是宣告要終結這個過去。我大聲對自己說：「我要了結這個過去！」我這麼宣告是為了要讓自己可以超脫，還有，如果我不喜歡眼前的這個現實，那我就必須去開創新的現實。於是我開始想像各種可能性：我可以先早點去父親那裡吃

晚餐，然後晚點再趕到母親那兒。或者，乾脆只去父親家，就不去母親那裡了。這些想像的可能性似乎還是令人沮喪，但我想到一個點子。往年的感恩節都是由母親準備晚上的聚餐，於是我打電話給她，提議今年改由我來負責。母親很高興地說，這真是太好了。我接著輕聲說，我想邀父親一家人前來。我告訴母親，我們全家人團聚在一起對我來說意義重大。剛開始電話那頭是一陣沉默，就在我差點以為電話已經掛斷的時候，我聽見母親說：「如果妳希望那樣的話，那就照妳的意思去做吧。」

我開心地打電話給父親，邀請他們全家人到我家過感恩節。他很驚訝，問我，妳母親那邊怎麼辦。我告訴他，母親也會跟她家人一起來。父親接受了邀請，就這樣，三兩下子我就開創了一個我原本以為不可能成真的新局面。我打電話告訴我的哥哥姊姊，爸媽兩家人都會來我家過感恩節，他們很吃驚，半信半疑的，但每個人都來了，一切都非常圓滿成功。為了緩解緊張的氣氛，我還邀請自己的朋友攜眷前來。我擺了幾張大長桌，讓每個人都能入座。那天總共來了三十三個人，每個人都各自帶來自己最喜愛的菜餚，大家都沉浸在溫暖的過節氣氛中。往後連續三年，在

我賣掉房子搬到西部去住之前，我都會安排這樣的節日聚餐，邀請父母兩方家人參加。由於我承擔了責任，因此能夠看見了一個新的真實狀況出現，而這個新的真實狀況至今看來仍像是個奇蹟。

若要從過去獲得智慧與自由，你就必須為自己人生所發生的所有事情承擔責任。「承擔責任」意謂你能夠對自己說「我要那樣做」。世界是如此對待我，跟我是如此對待我自己，這兩者是有極大的差別。當你為自己人生的遭遇以及對這些遭遇的詮釋負起責任，你便走出了孩童的世界，進入大人的世界。對自己的作為與不作為負起責任，你才能跳脫「為什麼是我？」的思維模式，而將它轉變為「這件事之所以會發生在我身上，是因為我需要從中學習某個課題。這是我人生旅途的一部分。」

尼采認為，否定自己的過去不啻是否定自己的存在。在能夠面對並接受自己的過去之前，我們是不太可能操縱自己的人生往特定的方向前進。我們人生中的每一個重大事件，都會改變我們如何看待這個世界跟我們自己。想到要回顧自己的整個過去，往往難免令人感到難以承受，但卻是重要的必經過程。我們的過去是一種恩

賜，能夠提供我們指引與教導，而且除了負面訊息之外，也會帶來許多正面的訊息。

往內在探求，就會帶來改變

某天，我的友人南希打電話來抱怨她的人生。她說她每次照鏡子，都覺得自己的體態日益鬆垮，面容也愈來愈像她的母親。南希說，她在自己的臉上看見了經年累月的壓力、煩惱和失望所蝕刻出的痕跡。她問我，她該如何解決她的熱潮紅（更年期症狀），以及她那張悲傷、鬆垮的臉孔。南希還說，她發覺到自己變胖，是為了看起來像是懷孕的樣子，以此當做是一種找回逝去青春的方式。我與南希一起制定了一份為期二十八天的計畫，內容包括每天寫日誌、靜坐冥想，以及練習釋放憤怒的情緒。她必須了結自己的過去，釋放所有鬱積在內心的情緒。她願意敞開心扉，接受考驗，專心正面面對那些她一直不想沾上邊的字詞，像是衰老、肥胖、可悲和醜陋。經過了二十八天的釋放練習，南希感受到了完整的自己。在整個過程

中，她的各種內在問題一一浮現，於是她利用充足的時間記錄下感受，並為每個事件創造新的詮釋。那是漫長的一個月，但到了最後，她覺得自己已完全準備好，去好好愛自己與照顧自己。

接下來的二十八天裡，南希都在關愛真實自己的每一個部分。她告訴我，她覺得自己需要被擁抱跟親吻，她就給予自己擁抱和親吻。她徹底寬容了自己，最終她也找回了內在的平靜。不久前，南希打電話給我，說她決定去做臉部拉皮。她說，在懂得接納「衰老」之後，她便能夠以全新完整的自己去擁抱「年輕」。她想知道，我覺得她這樣做是不是仍在逃避「衰老」。我們聊了一會兒，很明顯地，南希其實不需要去做拉皮，但這個的決定是可以為她的個人生活與工作帶來正面的力量。南希是個美容化妝師。我告訴她，很多人喜愛自己原本的模樣，但也會選擇刮腋毛，或是脫除嘴唇上方的汗毛。大家這麼做的目的，是為了讓自己看起來更不錯，這無可厚非，只要那是你做出的選擇，而且只要你做這樣的選擇並不是要逃避自己。

南希告訴我，這件事情就像奇蹟般發生了。話說某天，在南希兼職的整形外科

辦公室裡，護士們問她想不想用電腦為自己打造一張夢幻臉孔。南希覺得應該會蠻好玩的，於是就說好。雖然螢幕上顯現的新面孔讓她感到心動，但她並沒有認真考慮要做這個拉皮手術。過了數個月後，南希跟丈夫提起這個有趣的經驗。她的丈夫聽了竟主動表示，如果南希想要去做拉皮手術，他願意買單。南希說，一切就這麼水到渠成。她去做了手術，並且對結果十分滿意。她告訴我，在她懂得欣賞自己原本的樣子之後，她才想過整容這件事。南希的苦惱指引她去往內在探求，而藉由轉變內在的自我，她能夠去改變外在的自我。

痛苦可以引領我們到達自己從未想過要去的地方

痛苦可以成為我們偉大的導師。它會引領我們前往自己從未想過要去的地方。有多少人會願意為了追尋並完成自己的靈魂旅程，而選擇活在痛苦之中二十年？如果我未曾經歷過那麼大的痛苦，我可能現在還喝得爛醉、躺在邁阿密海灘的船艇甲板上，一邊曬太陽，一邊叨絮著自己的故事。所有正面與負面的經驗造就了今天的

我。我會願意選擇重新經歷所有的那些痛苦來換取現在的一切嗎？我的回答是肯定的。我感激我的過去以及我所遭遇的痛苦。不過在我懂得接納自己的陰暗面之前，我痛恨它。我憎恨痛苦，也憎恨那些似乎沒有痛苦的人。我花了很長一段時間，才學會為自己的行為負起責任。我曾拼命逃避責任，直到我願意去思索更好的人生，我才體認到，上天是想要教導我某些事情，而且唯有我接受自己的黑暗面，我才能找到那份屬於自己的特別禮物。現在，我會努力為自己過往人生的每一件事承擔責任，從中學習需要學會的功課，抵達我需要前往的地方。

負起責任是一項艱鉅的任務。我們大部分的人都樂意為人生中的好事承擔責任，但多半不願意為壞事負責。然而，當我們擔負起責任，每一件事情都會賦予我們所需的力量。即便我們因為發生了某事而感到受傷或羞愧，但我們知道，這件事是在幫助我們實現自己的夢想，或是在引導我們的靈魂旅程，我們就能找回內在的平靜。我們可以對自己說：「世界是我的人生畫布，我把這次的事件畫進了我的人生，讓自己學會寶貴的一課。」我們能夠對自己生命中發生的一切負責。對於整個宇宙，我們可以這麼說：「我就是真實自我的源頭。」這就是力量的所在，藉由這

股力量，你可以轉變自己的人生。

如果你無法直視過去，過去就會一直在那裡把更多相同的事件帶進你的人生裡。心理學家羅洛．梅（Rollo May）將「失去理智」定義為「不斷重複做相同的事情，卻期待出現不同的結果」。我們必須從過去中學習，並找回自己否認擁有的面向。唯有如此，我們才能破除舊有的循環模式。那些懂得從負面經驗中學習、為自己的情緒感受負起責任、並下定決心要改變人生的人，很少會再創造出同樣的負面經驗。如果我們是帶著覺察過好自己的人生，就能開始做出完全不同於以往的決定，創造出自己想要的人生。我們所需要的只是認知上的轉變。

找出新的詮釋，把負面事件轉化為正面事件

為了改變認知，我們必須仔細爬梳自己過去的每一刻，直到找出有力的詮釋，讓我們能承擔起責任。我們總是把寶貴的精力浪費在為「錯不在我」找理由。畢竟，把對自己人生的不滿怪罪於他人，比自己擔負責任容易多了，可是這麼做只是

死路一條。當你自認是外在環境的受害者，就會常常感到那種絕望、無能為力的痛苦。然而，在這個宇宙，一切事情發生皆有原因。為所有發生在你生命中的事情找到祝福之處，你就會心生感激，同時也會體驗到什麼是被賜福的滋味。

總會觸動你情緒的每一個字詞、事件和人物，都需要追溯起源、面對、轉化和擁抱。我們必須往回追溯觸動我們情緒的源頭，然後面對所發生的事件，承認這個事實是我們過去的一部分。我們需要充分覺察它對我們人生造成的影響。接著，我們要以不同的視角看待這件事，這樣可以讓我們將負面感受轉化為正面感受。透過我們所選擇的詮釋方式，我們可以掌控自己的人生，如此一來，我們也能擁抱自己所否認的過往經歷，不再讓他人影響我們的情緒。

我們所選擇的詮釋，必須是要能夠讓我們的人生往前邁進，而不是讓我們陷在孤獨無助之中。我認為，把負面事件轉化為正面事件最簡單的方法就是創造新的詮釋。發生在這個世界上的每一件事情都是客觀的事件，事件本身並不具任何正面或負面意義。只是我們每一個人看待世界的角度不同，所以對於事情的認知也不同。是我們自己的認知與解讀影響了我們的情緒，而不是事件本身。是我們的認知與解

讀，讓我們推卸責任，怪罪別人。你會把你的自私、成癮問題、挫敗怪罪給誰？現在，是時候停止再扮演受害者的角色了。負起責任，你就能接納自己的自私、成癮和挫敗，同時也能激發你的慷慨、優雅，獲得你擁有一切的神聖權利。我們每一個人都得要好好面對這點：我們因為總是用還未轉變的舊有觀點看待自己與自己的人生，而受到很大的影響。我們每一個人都得要有意識地做出選擇，改變我們既有的詮釋來改變自己的人生。只要轉變你對某一個字詞的詮釋，這個字詞原有的負面能量不僅會消散，還會把屬於你的力量還給你。

以下的練習可以幫助你改變自己原本的詮釋。我會先挑選一個會引發自己的情緒、不希望別人這樣形容我的字詞。這個我希望重新詮釋的字詞是「醜」。我從記憶裡回溯，找到小時候曾發生過的一件事，這件事讓我很難受，而且還對「醜」產生負面評價：我想起父親在我還小的時候，常常叫我「豬鼻子」和「長耳兔」來逗我。對此我當時的解讀是：父親不愛我，認為我很醜。我知道，這個感覺一直糾纏著我，所以現在我必須選擇去面對這件事。我允許自己去感受仍然附著在那個當下的痛苦、羞辱和丟臉。接著，為了擁抱「醜」，我開始為這件往事創造新的詮釋。

正面

1. 因為我很漂亮，所以父親會有些擔憂。他為了化解自己的擔憂，只能幫我取一些他覺得俏皮的綽號。
2. 父親純粹認為這些綽號很可愛，是用來表達對我的愛。
3. 父親非常愛我，所以他希望提早幫我做好準備去面對現實世界。他認為貶損我的美麗可以保護到我。

負面

1. 父親討厭我，想讓我一輩子不好過。
2. 父親覺得我真的長得非常醜，而他能面對這件事的唯一方式就是取笑我。

接著我檢視所有的解讀方式，並且弄明白哪種解讀讓我感覺釋懷，哪種讓我感覺不好。我還選擇以新的正面詮釋取代舊有的負面詮釋。我常會問自己：「這個詮釋是賦予我力量，還是削減我的力量？它是讓我感覺很差，還是更有自信？」要是你的內在對話讓你很洩氣，除非你自己用正面、有力的內在對話取而代之，不然你還是什麼也改變不了。只不過，我們有些人非常固執，非要沉溺於悲傷痛苦之中，不願意有新的詮釋。這是為什麼要把事情寫下來，把你所有想到的見解都檢視一遍，因為光是付諸文字，就能把連結在那次事件上的情緒鬆綁。等到我們願意以輕鬆的態度看待自己的這些詮釋，我們便能重新審視自己的選擇。當我們把那些負面詮釋從黑暗中帶向光亮之處，過去的傷害就能得到療癒。

在上述我個人的例子中，我選擇的新詮釋是「父親非常愛我，所以他希望提早幫我做好準備去面對現實世界。他認為貶損我的美麗可以保護到我」。我之所以選擇這個解釋是因為它讓我覺得好笑。儘管我寫這些句子的時候，自己都覺得有點荒謬，但當我閉上眼睛，問自己哪個詮釋能滋養我的心靈，答案就是它。一旦我決定撤換原本的詮釋，我就能夠擁抱「醜」，而不會有過往的痛苦感受。現在我對

「醜」的內在參照點已經轉變。父親以前幫我取綽號的習慣，現在我看來也沒什麼，只是親暱的表達。不論父親當時的真正動機為何，我現在已能與那段小時候的經驗和平共處。我已經不再擔心別人看到我是否真會覺得我很醜，也不再把自認長得醜的感覺投射到別人身上。「醜」帶給我的禮物是，我可以隨心所欲地出門，不必刻意化妝打扮，而且還感覺很棒。

這個練習可以運用於任何你覺得過不去的事件上或無法接受的字詞，不論是多瑣碎的小事或是很嚴重的事情都可以。我有位個案，她叫漢娜，過去曾遭人持槍挾持並強暴，不難理解她實在難以從這件事當中找到任何祝福。那次的遭遇讓她感覺自己是個噁心齷齪的蕩婦，是自己活該。她一直背負著這樣的詮釋超過十五年。我請她設法想出三種正面的詮釋，以及兩種負面的詮釋。她很清楚自己過去選擇的是消極、痛苦的解讀方式，於是她先從負面詮釋著手。

負面

1. 我以前叛逆、討厭我的父母，所以我故意穿著暴露，我是自作自受。

2. 我是一個毫無價值的低級人渣。我活該被人踐踏。

正面

1. 我當時是個迷惘、天真的少女，只是想要找到歸屬感。那次的事件使我轉變成一個比較理性、謹慎、懂得覺察的人。
2. 那次的事件對我來說是因禍得福。它讓我學會了尊重自己，還有珍惜自己的身體。
3. 我明白到自己根本不需要當個受害者。那次的事件是一種警示，是神聖計畫的一部分，目的是為了喚醒我的靈性自我。

漢娜想出了這些詮釋之後，她才明白自己是可以選擇怎樣去解讀過去那個可怕的事件。我們先整理負面的詮釋，因為她先前並不相信自己能夠創造出正面的詮釋。不過，她最後還是找出了一些能夠賦予她力量的解讀方式。漢娜甚至承認她所選擇的新詮釋，對她來說，感覺就像是事實真相。她最後選的是上述第二項正面詮

釋：那次的事件對我來說是因禍得福。它讓我學會了尊重自己，還有珍惜自己的身體。一旦她決定改變自己的舊有詮釋，她就得以擁抱「齷齪」和「噁心」這兩個掌控她十五年人生的字詞。她領受了它們所帶來的禮物同時，也在內心騰出了空間，讓跟這兩種特質相反的面向顯現出來。漢娜一直渴望成為一個美麗、為自己感到驕傲的人，如今她可以擁有這些自己內在原本就存在的部分。

當你變得更有覺察力，就會逐漸明白，選擇能賦予你力量的詮釋，是你的責任。有時候，當個受害者是比較輕鬆，然而，負面的觀點只會創造出更多同樣負面的情境。你越能覺察到生命的恩賜，就越能很快地選擇你自己的視角去看待發生在你身上的一切。我們許多人都遭逢過悲劇事件。這是人生的一部分。要從這些悲劇當中獲取力量是需要勇氣。但是當你把這些苦難的時刻當作是成長的契機，那它們便會成為祝福。

另一個充滿勇氣的例子是茱莉亞的故事。茱莉亞年輕漂亮，殷切盼望有小孩已經好幾年了。當她終於懷孕時，她和丈夫都高興得不得了。但她懷孕到第十四週左右時，發現自己出血，嚇得趕緊去找她的助產士。一開始測不到胎兒的心跳，再進

一步做超音波檢查，還是照不到心跳，胎兒夭折了。茱莉亞痛不欲生，哀慟地哭了好幾天。死胎仍在她體內的時候，我去輔導她。我問她是怎麼看待這個不幸事件。茱莉亞忍不住哭泣說：「我不配懷孕生子。一定是我還沒發覺自己懷孕的時候喝了酒，危害了寶寶的生命。」

除了失去孩子的悲痛之外，茱莉亞還承受著自責內疚。我們在談話的時候，我清楚地感覺到，茱莉亞想要讓這個事情成為受到賜福的事件，而非只是發生在她身上的另一樁壞事。我們準備好開始練習時，茱莉亞想先從負面詮釋著手。

負面

1. 因為我有基因缺陷，所以我永遠無法順利生下小孩。
2. 我因為至親好友曾墮胎過，所以受到報應。

正面

1. 這次的懷胎經驗是要讓我的身體先預習，是為了迎接我所珍愛的孩子先做

準備。

2. 這件事讓我確定，我是真的很想要孩子。我不會再搖擺不定。

3. 在經歷了失去與分離的痛苦之後，我會因此成為一個更好的母親。

茱莉亞決定選擇第三項正面的解讀：在經歷了失去與分離的痛苦之後，我會因此成為一個更好的母親。她能感受到這樣的詮釋方式在她身體裡產生的力量。茱莉亞知道世上的一切都不是偶然，因此她想要記住，這個孩子帶給她的是禮物，而不是傷痛。這真正體現了愛與勇氣，也賦予了她繼續往前的力量，讓她能夠做好準備，迎接自己一直期盼生下的美麗寶寶。

我們每個人都必須相信，只要我們採取必要的作為去清理過去、擁抱自己的痛苦，就能發現屬於我們的獨特禮物，蘊藏在黑暗裡的黃金。只要我們允許，宇宙就會給予我們超乎我們所想像的東西。我們每個人都帶著不同的使命來到這個世上，而我們有責任完成自己的使命。從這個觀點來看，你就會明白，過去發生的一切，都是讓你學習、成長、改變與探索的機會。

當我們與自己的過去和解，要收回我們的投射就變得容易許多。這些我們否認擁有的情緒和行為，其實會損耗我們變得強大的力量和潛能。當你否認自己的某個面向，就等於否認讓我們得以成為完整自己的那一個部分。我們把自己最珍貴的部分，送給了我們憎恨的人跟我們喜愛的人卻不知。我們無法接納某些事物，是因為我們太執著於自己的的成見和批判。我們缺乏認錯和承擔責任的勇氣。我們害怕自己不完美，害怕發現，我們最痛恨別人的地方，實際上是我們最痛恨自己的地方。我們擔心自己的力量與聰明才智，會使自己顯得孤立，因為放眼望去，自己身邊都是平庸之人。我們太害怕得不到別人的認同，所以我們寧可出賣自己最寶貴的禮物，只為了融入大家。我們被教導這是一種生存方式，於是我們就這麼做，直到我們再也無法忍受自己。然後這種有毒的情緒讓我們痛苦不堪，使得我們在生活中創造各種情境，不斷顯示出自己是個沒用的人，來證明我們不配有自己的夢想。只有你自己能終止這種惡性循環。只有你能說：「夠了。我要活出我的偉大。我值得大放光芒、發揮創造力，還有我的內在神性。」

對自己慈悲是人生的重要功課

多年來，我因為對伴侶缺乏信任感而覺得痛苦不堪。我一直認為男人不可信任，覺得他們只要有機會就會出軌。只是我從來都沒想過問題可能出在我身上。因此，我對男友都是緊迫盯人，並且警告他們要是有任何不忠的行為，我就會分手。終於，我的某一任男友告訴我，我其實是把對自己欠缺信賴感投射到他身上。我馬上反駁他的說法，因為我確信自己是個對感情忠誠且值得信任的人。後來，在某次爭吵過後，我發現自己第一個念頭竟然是在想怎樣找到下一個男友、下一個真命天子會是怎樣的人。那時候我們甚至都還沒講到分手，而我居然就在幻想找別的男人。但我告訴自己那只不過是個幻想罷了，所以我否認了自己的這個部分。直到我能夠承認自己具有不值得信任的一面，我才能不再把缺乏信任感投射到周遭的人身上。

我發現自己才是在感情關係裡製造紛亂的那一方時，實在難過不已。我對於自己這個令人不舒服的部分，第一個反應是嫌惡。於是我閉上眼睛，試著看能不能跟

我這個「不值得信任」的次人格對話。首先出現的是一個瘦小虛弱、見到男人就會發抖的女孩。她的名字叫「害怕的蘇珊」。我問蘇珊，她需要什麼才能得到療癒，她的回答是「慈悲」。聽見她講出慈悲這兩個字、看著她恐懼的模樣，讓我敞開了心扉。我允許自己去感受心中的恐懼，同時在內心把「害怕的蘇珊」抱在懷中。對自己慈悲是人生的重要功課。若沒有慈悲，我們會感到恐懼與自我厭惡。由於憎恨自己是十分難以承受的，所以我們會把這份憎恨投射到外在世界。我們寧可成為外在世界的受害者，也不願當自己的受害者，而且責怪外在世界的話，我們就能逃避面對自己的痛苦。

現在是時候誠實檢視在你的生命中，有哪些人動不動就讓你有強烈的情緒反應，是你的父母、伴侶、老闆，還是最要好的朋友？列下他們的名字，以及是哪些特質觸動你的情緒反應。在列表的過程中，你會不斷有新的發現。當你承認擁有某個層面的特質，另一個層面的特質就會接著顯露出來。任何存在你心中的怨恨都是一種警訊，表示你的情緒能量插頭仍然插著電源。

瓊安．賈圖索（Joan Gattuso）在其著作《愛的課程》（A Course in Love）

中，介紹過一個簡單的練習方法，這是她從作家肯·凱耶斯（Ken Keyes）學來的：在一張紙的最上方，寫下會影響你情緒的人的名字。然後，在紙中間劃一條線，把你喜歡這人的所有特質寫在一邊、討厭這人的所有特質寫在另一邊。即使是我們討厭的人，我們也能在對方身上找到某些不錯的特質。列出的清單大概如下：

瑪莎

正面特質	**負面特質**
有品味	懶惰
對工作充滿熱情	邋遢
	情緒化
	高調

接下來，在左邊的每個特質前面加上「我喜歡自己……的樣子」的句子。例如：我喜歡自己有品味的樣子、我喜歡自己對工作充滿熱情的樣子。然後，在右邊的每個特質前加上「我討厭自己……的樣子」。例如：我討厭自己懶惰的樣子、我討厭自己邋遢的樣子、我討厭自己情緒化的樣子、我討厭自己高調的樣子。透過這個簡單的方法，你會發現你在別人身上看見的其實都是你自己的樣子。

走進我們生命裡的人，都是為了幫助我們回歸完整

某天，一位曾上過我課的朋友蘿瑞打給我。她說，她的心情糟透了。蘿瑞在大學時期的室友克莉絲汀，是她一直很敬佩的人。然而，克莉絲汀竟然在最後一刻決定退出兩人一起訂定的某些計劃，蘿瑞對於她這位朋友的行為很吃驚。蘿瑞說，克莉絲汀是個驕縱、自私、自負、自以為什麼都懂的傢伙。我溫和地提醒她，當我們的情緒受到別人的行為影響，那正是我們把自己否認擁有的特質投射出去。蘿瑞堅信自己才不是那樣的人，她很肯定地說，是克莉絲汀終於露出真面目。我建議蘿瑞

把她欣賞跟討厭克莉絲汀的地方寫下來。以下是蘿瑞列出的表：

克莉絲汀

負面特質	正面特質
自我中心	領導者
自私	優雅
自負	高尚
不懂裝懂	成功
冷漠無情	美麗

蘿瑞仔細檢視了她所列出的每一項正面特質，並寫上「我喜歡自己是領導者的樣子。我喜歡自己優雅、高尚、成功、美麗的樣子」。她接著寫上「我討厭我自我中心、自私、自負、不懂裝懂、冷漠無情的樣子」。蘿瑞於是明白，她並不承認自

己擁有克莉絲汀的這些負面特質，也不承認擁有她的正面特質。蘿瑞把自己沒有連結上的正面特質都投射到克莉絲汀的身上，因此把自己的力量都給了對方。當克莉絲汀讓蘿瑞失望、展露出不完美的地方時，蘿瑞感覺自己受騙了。她發現那個原本完美、高尚、美麗、優雅的女人竟然有缺陷的同時，自己的缺點也顯現出來。克莉絲汀只是展現自己本來的樣貌，但蘿瑞卻把自己不承認擁有的特質都投射到對方身上，因此才會感到失落和憤怒。蘿瑞必須要收回她投射到克莉絲汀的部分自我，才能拔除她連接在對方身上的情緒插頭。

我建議蘿瑞可以寫封信給克莉絲汀，來表達自己的感受。雖然這是一封永遠不會寄出的信，但重要的是她能夠抒發自己感受到的所有憤怒和不滿。蘿瑞下定決心不要再把自己的力量給克莉絲汀或任何人。她準備好願意去發覺和擁有自己的美麗、優雅、高尚和領導特質。她一一找到了自己內在的這些正面及負面面向，收回了自己所有的正面特質投射，然後也收回了自己所有的負面特質投射。對蘿瑞而言，要承認自己擁有這些正面特質，遠比承認負面特質還來得困難。但事實上，只要她接納了自己的正面特質，負面特質就不會再觸動她的情緒了。當我們全然承認

擁有其中一端的特質，另一端相對的特質也會出現，而達到平衡。克莉絲汀其實是讓蘿瑞發現自己美麗與光亮之處的觸媒。

走進我們生命裡的人，都是為了幫助我們回歸完整。我們大部分人都在非常狹隘的界限範圍內評斷自己。如果一切的「好」與「壞」是涇渭分明，那麼我們大多數的人都是處在中間地帶，只承認自己擁有一小部分的正面特質與一小部分的負面特質。我們必須學習接納自己所有的人性特質，學習不要覺得這樣做不好。每一種情感和衝動完全都是出於人性。我們必須全然擁抱黑暗，這樣才能擁抱光亮。神、靈性、愛，對我而言，這三者都一樣。即使我們看不見它們，但它們卻始終存在著。它們正等待著我們打開內心的大門，邀請它們進來。只要我們願意敞開心胸，接納一切的存在，並且開始在萬事萬物之中探尋美好之處，而非醜惡之處，我們就會感受到神、看到愛。務必記住，我們才是選擇要看見什麼的人，這點很重要。在某種程度上，我們所迎來的，都是此生所要學習的功課。每一件事情的發生，無論有多麼可怕，都蘊含了給你的禮物。而當你領到了你的禮物，我也會得到我的禮物，因為在靈性的世界裡，我就是你，而你就是我。

練習

1. 花幾分鐘的時間，營造一個放鬆的環境。現在，請閉上眼睛，做五次緩慢的深呼吸。想像自己走進內在的電梯，往下七層樓。電梯門打開，你來到了你的神聖花園。一邊欣賞花園美景，一邊走到你的冥想位置。接著問問自己：主導我人生的核心信念是什麼？花幾分鐘時間想一想，然後列出你的核心信念。

接下來，輕輕閉上眼睛，想著你列出的第一個核心信念。然後問自己下列問題。慢慢來，試著傾聽你內心深處的回答。

a. 這個信念真的是我自己的想法嗎？還是我承接了別人的想法？
b. 為什麼我會有這樣的信念？
c. 這個信念是否賦予我力量？

d. 我需要放下什麼，才能改變這個信念？

花點時間將以上問題的答案寫在日誌本上。

2. 針對你所列出的每一項核心信念，寫個簡短的信，感謝它們給你的幫助。現在，請想出新的信念來取代舊有的信念。承諾自己會尊崇這個新的信念。接著睜開眼睛，把這個充滿力量的新信念寫下來。

3. 請寫下至今仍讓你無法真正接納或仍感到厭惡的字詞。閉上眼睛、追溯記憶，找出使你對這個字詞產生負面感受的早年經歷。接著，寫下你對那段經歷的詮釋。在這個詮釋下方，寫出五種不同的詮釋，包括三種正面詮釋與兩種負面詮釋。如果想不出來，不妨問問你的朋友或家人。發想新詮釋是一種創意展現，需要經過練習。與其卡在一種詮釋，不如試試更多其他的解讀方式。你必須放下那個一直帶給你痛苦的詮釋。若有什麼問題，請參閱本書第一九五頁。

第九章　讓你的光亮閃耀

瑪莉安．威廉森（Marianne Williamson）在《愛的奇蹟課程》（A Return to Love）中寫道：「最讓我們感到畏懼的，是我們的光亮，而不是黑暗。我們會問自己：我憑什麼可以成為一個耀眼、才華洋溢、出類拔萃的人？事實上，有何不可？你是神的孩子。自我貶抑無法造福世界。矮化自己，好讓身邊的人不會感到不自在，這樣做並沒有意義。你生來就是為了展現你內在的神的榮光。這份榮光並非只存在於某些人之中，而是存在於每一個人身上。當我們讓自身的光亮閃耀，我們無形之中也允許了別人散發光亮。當我們從自身的恐懼中解放，我們的存在自然而然也會使得別人得到解放。」

本章將說明如何讓你散發自身所有的光亮，也就是如何接受，你在別人身上所看見的一切榮耀與偉大，其實就在你自己的身上。這是指我們要承認並擁抱的不僅

是黑暗的陰影，還有正面的陰影，也就是你所否認、投射到別人身上的所有正面特質。

愛，能切斷恐懼的繩索

我們活在一個新時代。這是一個敞開心懷、療癒與成長的時代。它不是消極被動，而是需要順服，不再受舊有模式操控。查爾斯．杜博（Charles Dubois）曾說：「重要的是，能夠在任何時刻，為了成為你可以成為的人，而捨棄你現有的樣貌。」唯一會阻礙我們無法成為完整、真正自己的，乃是我們的恐懼。我們的恐懼告訴我們，我們無法實現夢想。我們的恐懼告訴我們，不要冒險，阻擋我們享有自己最富有的寶藏。我們的恐懼使我們只敢活在光譜的中間地帶，而不敢完全擁抱整個範圍。我們的恐懼使我們麻木遲鈍，阻礙我們感受生命的活力與精彩。因為恐懼，我們在人生中創造各種情境來證明這些自我侷限是對的。若要克服恐懼，我們必須面對它，並且以愛來取代。如此我們才能擁抱恐懼。而一旦我們擁抱了自己的

恐懼，我們就可以選擇不再害怕。愛，能讓我們切斷恐懼的繩索。

我們之所以畏懼自身的偉大，是因為這挑戰了我們的核心信念，而且跟我們所受的教誨悖逆。我們當中有些人能夠發掘出自己身上的許多正面特質，有些人則只能看出自己的幾項優點，但我幾乎很少看到有人可以完全接納自己所閃耀著的一切光亮。每個人都有各自難以接納的正面特質。由於我們大部分人都被教導「不可以自大」或「不可以自以為是」，因此我們將某些最珍貴的天賦埋藏起來。而這些被埋藏起來的特質就成為我們的正面陰影。我們把自己的正面陰影放進裝著負面陰影的袋子裡，背在身上度過人生。

承認並接納自己的正面陰影，並不比擁抱負面陰影來得容易。我記得我在戒毒中心的那段期間，有位女士來向我們演講。她一開頭就在講自己是以優異成績從大學畢業，結婚十三年來跟先生過得很幸福美滿，還有自己是個多麼棒的母親、多麼善於溝通。她一直在講自己做得多好，我心裡暗想：「真是個自以為是的臭女人。她以為她是誰啊？我們幹嘛要聽她講這些？」後來她停下來，看著大家的眼睛說：「我來這裡要跟大家講的是『愛自己』。肯定自身所有的美好特質，以及能夠與你

生命裡的人分享這些是很重要的。」她告訴我們，要做到愛自己，就必須願意讓自身的光亮大大散發。每天我們都要肯定自己做的所有好事情。我們要盤點自己的人生，為自己做到的事情拍拍手。而當我們讓自己的光亮閃耀，就等於是在向其他人證明，他們也可以散發自己的光芒，沒問題的。

當時我坐在椅子上，感到很震驚。雖然我有時候會吹噓自己的才能，但我從不認為，讚賞、看重自己是沒問題的。我的吹噓來自於我的不安全感、來自於我始終覺得自己不夠好。根據那位講者的說法，這種情況的矛盾之處在於，我之所以覺得自己不夠好，是因為我不願承認上天賜給我的天賦、是因為我不願去欣賞自己的才華。出於某種理由，我總是以為貶低自己最優秀的部分，會使我成為一個更好的人。

那天下午，我學到了我人生中最寶貴的一課：讚美自己不僅沒關係，而且是必要的。我們必須認識自己的天賦與才能。我們必須學習欣賞和看重自己做得很棒的一切事情。我們必須找到自己的獨特性。許多人無法認可自己的成功、快樂、健康、美麗和內在神性。他們害怕看到自己是充滿力量、成功、性感，以及有創造力

的一面。他們的恐懼阻礙了他們發掘自己的這些面向。然而，若要做到真正的愛自己，我們必須接納自己的真實樣子，不僅是黑暗面，還有光亮面。而且，學習肯定自己的才能，也讓我們懂得欣賞和喜愛他人的獨特天賦。

利用些許時間，讓自己的心平靜下來。做幾次緩慢的深呼吸，仔細閱讀以下的字詞。讀完之後，用每一個字詞，對自己說：「我是……（的人）。」例如：我是健康的人、我是美麗的人、我是聰明的人、我是有才華的人、我是富有的人。請把所有會令你感到難為情的形容詞寫在紙上，把你羨慕別人有、但自己卻否認擁有的特質字詞也寫下來。

滿足、安心、被愛、鼓舞人心、感性、陽光、迷人、熱情洋溢、開朗、喜悅、性感、寬容、朝氣蓬勃、充實、活力充沛、自信、靈活變通、心胸開闊、完整、健康、才華橫溢、能幹、睿智、光榮、聖潔、充滿力量、包容、神聖、強大、自由、搞笑、知識豐富、富足、開明、自我實現、穩重、聰穎、成功、有價值、豁達、善良、堅強、有創意、平和、公正、有名、自律、負責任、快樂、漂亮、有魅力、幸

福、熱心、勇敢、可愛、幸運、成熟、有美感、感覺敏銳、容光煥發、頭腦清醒、虔誠、高尚、偉大、有吸引力、圓滿、平穩、自重、浪漫、友善、好運、果決、心懷感激、和藹、文靜、豐盛、柔和、被需要、大膽、果敢、溫柔、積極、把握機會、受歡迎、慷慨、美麗、沉著、樂天、隨和、有耐心、不批判別人、從容、體貼、很有靈性、忠誠、交友廣闊、善於表達、自動自發、有條不紊、通情達理、幽默、備受肯定、知足、受人崇拜、俏皮、誠實、卓越、守時、有趣、懂得諒解、自我肯定、執著、樂觀、有遠見、聰明、可靠、活躍奔放、亮麗、無畏、活潑、溫暖、篤志、具有創新精神、慈愛、超級巨星、精彩、領導者、可信賴、冠軍、富有、決策者、單純、真誠、大方、堅定、有創意、很有成效、有野心、善解人意。

你擁有這一切的特質。想要顯現出這些特質，你所要做的就是發掘、承認擁有和擁抱它們。只要你能知道自己曾在人生哪個時期表現出那樣的特質，或是你能想像得出自己在哪種情況下會展現那樣的特質，那麼，你就能夠擁有這項特質。你必須願意說出，「我就是那樣」。承認擁有之後，下一步就是找出這項特質中蘊藏的

禮物。不同於負面陰影，正面陰影的禮物往往是顯而易見。只不過，我們許多人得要面對自己的恐懼和抗拒。我們許多人已建立了嚴密的心理防衛機制來強化自己的信念，認為自己就是不如別人有才華、有創造力。因此，極為重要的一點是，我們要用跟擁抱負面特質一樣的決心，去擁抱正面特質。

要承認及擁有某些與外在現實相牴觸的特質，可能尤其困難。比方說，如果現在你失業又負債，要擁抱「富有」這個字眼就格外不易。像這種狀況，重點則在於要能夠想像自己變得富有的情境，例如找到新的工作或是開創新的事業。如果你無法擁抱某種正面特質，你也就不大可能實現那樣的經歷。舉例來說，你想要擁抱「苗條」這個特質，但是當你看到鏡中自己身形臃腫的模樣，可能心裡會更加糾結。可是，如果你在內心不承認會有這樣一個苗條的人存在，那麼這個苗條樣貌的人也永遠不會出現。同樣的，如果你是單身，想要結婚，那麼你就必須在內心擁抱自己結婚的樣貌。我們每一個人抗拒接納的特質都不相同。某些特質的確有很多證據可以證明你認為這些特質並不屬於自己的信念，但只要我們用心探尋，是能夠在我們的內在發現這些特質。

與你的情緒同在，準備好要成為一個完整的人

瑪琳是參加我課程的學員。她年約四十，身材很好，但卻看起來很疲憊和憂傷。我當時帶領全體學員一起檢視上述的正面特質列表後，要求大家寫下自己難以接納的字詞。瑪琳寫下了約二十個。接著我們開始做練習，也就是接納負面特質的練習，只是這次的形式是瑪琳坐在椅子上，兩位練習夥伴坐在她的正前方。先由瑪琳說：「我是個成功的人。」另外兩人則回應說：「妳是個成功的人。」

練習的過程中，我看到瑪琳陸續承認自己擁有幾項特質。然後我看了一下她的列表，建議她試著擁有「性感」和「有魅力」這兩項特質。瑪琳頓了一下，搖了搖頭。她說，她根本不相信自己可以擁有這兩項特質。原來瑪琳正迫切地想要與丈夫重修舊好。幾個月前，她發現丈夫外遇，讓她覺得是自己很沒有魅力。當她最後終於要來練習擁抱「性感」這項特質時，她一開始幾乎是無法說出這兩個字。後來她才有點勉強地說出：「我很性感，」但語氣不帶一絲情感。在接下來的十分鐘，她

彷彿只是交差了事般在重複講這句話。瑪琳確定自己不是性感的人，因為她相信，如果她很性感，丈夫就不會外遇。

瑪琳的兩位練習夥伴都是女性，於是我決定換另一位年輕俊美的男學員湯姆來跟她練習。瑪琳知道後，顯得非常緊張。湯姆把椅子拉到瑪琳的面前坐下，然後對她說：「妳很性感。」瑪琳聽了，就只是坐在那兒盯著他看。我在旁提醒她要對湯姆複述這句話。瑪琳忍不住淚流滿面，最後開口說出：「我很性感。」湯姆直視著她的眼睛回應說：「沒錯，妳很性感。」瑪琳再次複述：「我很性感。」兩人就這樣來回反覆練習了二十遍，直到瑪琳不再感到難為情，或是不再哭著說出「我很性感」才結束。

接下來，我請湯姆再協助瑪琳擁抱「有魅力」這項特質。湯姆再一次俯身向前、用肯定的語氣說：「瑪琳，妳很有魅力。」瑪琳立刻難以自抑地哭了起來。已經有好多年，沒有任何人，包括她自己，對她說她是一個很有魅力的人。我們一起幫助瑪琳做這個練習，讓她可以準備好講出「我很有魅力」這句話。剛開始她只能很小聲地講。湯姆握住她的手，再說了一遍：「妳很有魅力。」瑪琳也跟著說：

「我很有魅力。」但她的語氣中始終充滿了對自己婚姻關係的深沉憂傷。

過了近半個小時，瑪琳才能夠面對「有魅力」這個字眼，但是，一旦她大聲說出來夠多次，她便能回想起感覺自己有魅力的時刻。我可以從她的臉上看到她記起那一部分自己的瞬間，彷彿有什麼東西照亮了她的內心，讓她和內在神聖的部分重新連結。當她終於擁抱了這項特質，我請她站起來，大喊「我很有魅力」！瑪琳把這句話大喊出口時，眼裡充滿喜悅，全場的人都為她鼓掌。我們所有人都感到無比神奇，就像是我們親眼見證了一個人的重生。

你在試著擁抱某些自己否認擁有的內在特質時，會感到痛苦是必然的。雖然並非所有你否認的內在面向，都會引起如此強烈的情緒，但當你發現有某個特質會出現這種狀況時，請讓自己與情緒同在，直到你打破它對你的掌控力量為止。一遍又一遍地對自己重複述說某個特質的字詞，可能會產生各式各樣的情緒反應。你或許會感到憤怒、無奈、恐懼、羞愧、內疚、喜悅、興奮，或是其他各種情緒。不論你是用什麼方式去感受，重要的是與你的情緒同在。不論你感受到什麼，都別逃避，因為下定決心拿回你所否認的特質，就是向宇宙宣告，你準備好要成為一個完整的

人。

要承認擁有自己過去否認的正面特質會令人很害怕，因為你必須要捨棄自己以前所有的說法和藉口。你必須捨棄你的人生願望之所以沒有實現的一切理由。派蒂是我某個課程的學員，她無法承認自己擁有「成功」這項特質。她一輩子都只是在照顧丈夫和孩子。派蒂小時候的夢想是成為大提琴家，但大人要她放棄這種想法，告訴她所謂的好女人，就是要結婚生子。派蒂跟丈夫提過幾次，她想要去上大提琴課，但丈夫總是說那是浪費錢。如今派蒂已年近六十，孩子也都長大成人。當她寫下自己敬佩的人名時，裡面全是在藝術方面成功的女性。接著做鏡像練習時，派蒂無法說出「我是一個成功的人」，她顯得非常尷尬，不知所措。

派蒂認為，成功是指有一番事業。但我問她，她覺得自己是不是一個成功的母親？她說是的，她的孩子都很優秀。我又問她，她覺得自己的婚姻是否算成功？她微笑說是的，她結婚已經超過三十年了。我還問她，她有沒有成功煮過一桌飯菜？她笑著說她的廚藝相當精湛。派蒂漸漸明白自己是成功的。雖然派蒂在過了將近二十分鐘之後，才有辦法說出「成功」這兩個字，但最後她已經能夠承認擁有這個

特質。課程結束之時，派蒂也找回了她的自信。十個月後，我收到派蒂的來信。她說，她重新開始演奏大提琴了，就在她家附近的小劇院，當那邊需要人演奏時，她就會過去。她還說，擁抱了自己「成功」的面向後，她感覺自己很有信心去實現更多的人生夢想。

我們從小被教導不要承認自己很厲害。我們大部分人都以為自己只具有某些正面特質。但其實我們擁有一切的特質：包括那些讓我們高興的、也包括那些讓我們痛苦的事情。我們身上都同時存在著所有美麗與醜惡的特質。該是顯現你自身全部特質的時候了。當你能承認擁有自己的所有面向，你將會真正來到神的面前。

我們的存在就已是完美

七十五歲的哈利，曾上過相互共依存的復原療程將近十年。這回他和妻子一起來參加我的課程，希望能讓他們陷入困境的關係有所好轉。我們一見面，哈利就告訴我，他的情緒問題有多麼嚴重。哈利曾參加過十二步驟課程，因此他能坦然承認

自己的情緒狀態不佳。在我們準備要做擁抱正面特質的練習時，我發現哈利的列表裡漏掉了兩個字詞，那就是「健康」和「完整」，因為哈利認為自己不可能成為一個情緒健康的人。因此，我要他做另一個練習：這一天，每當他想到自己心裡有問題的時候，他就得要換個說法，說自己很健康、很完整。

我看得出來哈利難以接受這兩個形容詞。不過到了中午，當我們開始做鏡像練習的時候，只見哈利已很順服地開口說：「我很健康。」他能夠接納這項特質了，並且繼續嘗試說出「我是完整的人」。我們都被他的勇氣與決心所感動。哈利告訴我們，在練習到一半時，他終於有所領悟，而這也是他記憶中第一次擁抱自己心中「健康」與「完整」的面向。這一天當我們接下來做團體寬恕練習時，哈利繼續有所收穫。哈利承認擁有了自己所有的正面與負面特質之後，便得以收回自己投射到妻子身上的負面情感。這讓哈利能夠看到，妻子夏洛特是個堅強、美麗、充滿愛的女人，對他關懷備至，而不是陷在相互依存關係中的病態女人。於是哈利和夏洛特能夠一起做這個練習，彼此都獲得極大的療癒。兩人表達了許多過去壓抑在心的感受。他們擁抱了自己的光亮後，也能擁抱對方的光亮。

課程結束後不久，哈利中風過世。夏洛特打電話給我，感謝我曾為她丈夫所做的一切。夏洛特告訴我，哈利在接納了自己的所有面向之後，心靈獲得了很大的療癒。這些年來第一次，他讓兩人的婚姻變得穩固和美好。夏洛特還說，哈利早就知道自己來日無多，而她在讀了哈利於課程期間寫下的日記後，她明白哈利是很平靜地離世，因為他已經學會了愛自己、接納完整的自己。哈利不僅發覺了自己的內在神性，也看見了妻子的內在神性。夏洛特喜極而泣，因為在哈利離開這個世界之前，他們有機會感受到彼此的心靈之美。

收回自己所有的投射，內在的平靜便油然而生

一旦我們收回了自己的正面投射，就會體驗到內在的平靜——那是一種深沉的寧靜，讓我們能明白，我們的存在已是完美的。當我們不再假裝成別種的樣貌、遮掩真實的自己時，內在的平靜便油然而生。我們許多人甚至沒有意識到，我們自己假裝是比真實的自己還差勁的人。我們總是設法讓自己相信，真實的自己不夠好。

允許你的內在世界自個顯現出來，它就會指引你走向自由，讓你得以自由地展露出性感、迷人、才華洋溢、健康與成功。

當你無法辨識出自己的所有潛能，你就無法讓宇宙給予你屬於你的神聖禮物。你的靈魂渴望實現全部的潛能，而唯有你才能讓此發生。你可以選擇敞開心扉、擁抱全部的自己，也可以選擇活在自己現在樣貌的假象之中。而寬恕是踏上「愛自己」之路最重要的一步。我們必須以孩子的純真之心看待自己，以愛和慈悲接受自己的過錯和擔憂。我們必須把自己苛刻的批評擱在一邊，接受自己所犯的過錯。我們必須明白自己是值得被寬恕。這份神聖的禮物是要教導我們，犯錯乃是人之常情。寬恕來自於心，而非來自於自我。寬恕是一種選擇。無論任何時刻我們都能放下怨恨和批判，選擇去原諒自己與他人。當我們收回了所有的投射，並且發現給予我們的禮物，我們就會懂得對自己慈悲。然後，我們自然便能對自己所恨惡的人慈悲。當我們在自己身上看到別人令我們討厭的部分，我們就能為彼此都有的面向承擔起責任。

德國詩人里爾克寫道：「出現在我們生命中的所有惡龍，也許都是公主變的。

她們只是等著要見到我們展露出一次美麗和勇敢。所有可怕的事物，也許其最深層的本質是需要我們的愛。」愛，如果不包括完全地接受自己，那就不是完整的愛。我們大部分人都被訓練成向外尋求自己所需要的愛。然而，當我們不再向外在世界索愛，唯一能慰藉自己的方法，就是走入內心，找出自己努力想從別人身上得到的東西，然後給我們自己。這是我們值得擁有的。我們必須允許內在的宇宙、內在的神性力量，給予我們愛和滋養。

我的友人艾美在跟先生談離婚的那段時間裡，曾試著想要修復夫妻關係，可是她卻似乎無法擺脫憤怒的情緒。每天總是會發生一些惹她生氣的事情。艾美拼命設法調適情緒，多愛自己一些，但往往徒勞無功。最後，為了清理負面情緒，艾美把對丈夫的喜愛與痛恨之處通通列出來。可想而知，她兩邊都列了一大串，但艾美因此漸漸能收回她投射到先生身上的正面特質，以及大部分的負面特質。

然而，其中有一項特質一再出現，艾美始終都無法承認自己擁有它——那就是「死氣沉沉」。每一次艾美火大的時候，她就會看到先生無動於衷的樣子。艾美試著想接納自己「死氣沉沉」的一面，但卻無法看出她哪裡像自己先生那種死樣子。

她能舉出一大堆證據，證明自己的情感有多麼豐富。她很容易大笑、大叫、大哭。她感受得到各式各樣的情緒。儘管如此，會影響她情緒的仍是「死氣沉沉」這個字眼，所以她不放棄，持續探尋自己的這個部分。

幾個月過去了，艾美與丈夫離婚了，她的心情還算平靜。只是每當她很煩的時候，她還是會想起死氣沉沉那個字眼。後來，艾美開始跟一位年紀比她小很多的對象查爾斯約會。某天，艾美和她的兒子巴比與查爾斯相偕出遊。查爾斯坐上駕駛座後，把車上他們經常播放的芝麻街錄音帶拿出來，改放入黑人靈魂歌手亞倫・納維爾的專輯。查爾斯跟著歌曲大聲哼唱，時而轉過頭來跟興高采烈的巴比大聲歡笑。突然間，艾美的眼淚撲簌簌地往下掉。她哭個不停。明明是那麼美好歡樂的時光，她卻不知為何自己感到這麼難過。後來她明白了，她感覺到自己的麻木。眼前的查爾斯是那麼年輕、充滿活力與熱情，而她意識到自己死氣沉沉的一面。有一部分的她早已不再活蹦亂跳、大聲唱歌與手舞足蹈。

從好的方面來看，艾美接納了自己的這個面向之後，她也拔除了連接在她前夫身上的情緒插頭。艾美關愛和滋養這個她曾大力否認的部分後，她也就能夠寬恕前

夫與自己。她對前夫的憤怒情緒，指引她踏上尋寶的旅程，並找到了這個她自己隱藏的面向。若沒有經歷這些，她就不會發現自己這個需要被喚醒的部分。擁抱了自己死氣沉沉的面向之後，她也得以重拾自己的生命活力。

試著去探尋自己累積很久的憤怒。假如你會害怕探索自己的憤怒情緒，請記住，你的力量也會跟著被掩埋掉。憤怒只有在遭受壓抑，或是以不健康的方式處理時，才會變成一種負面的情緒。當你對自己懷有慈悲之心，你就能輕易地讓自己所有的部分，包括愛與憤怒，在你的內心共存。每當我批評自己或他人時，我會知道自己是在對某種特質或某個事件情抱持著負面的詮釋。這種時候，允許自己以健康的方式表達情緒會非常重要。

憤怒得到釋放，才能讓我們所有重要的生命能量流動

卡拉是來參加我週末課程的學員。她的笑容燦爛，整個人散發美麗的光采。她上課非常認真，但到了要做憤怒練習的時候，她整個人僵住。卡拉說，她沒有任何

憤怒的情緒。這個練習是要用塑膠棍棒打枕頭。透過擊打這個練習，往往能釋放掉許多阻塞的能量。卡拉塊頭不小，比標準體重還多二十公斤，痛打那幾顆小枕頭應該不成問題，但她卻使不出力氣舉起棒子來打。

課程告一段落後，我和卡拉一起到外面走走，並隨口跟她聊起了憤怒會產生的作用。我告訴她，憤怒往往是打開我們心房的鑰匙，當憤怒得到釋放，才能讓我們身上所有重要的生命能量流動。儘管我這麼說，卡拉仍無法承認自己有壓抑任何怒氣。我轉而問她為什麼難以減肥成功。她說，她的肥胖只是暫時的問題。我建議卡拉，即便她完全沒感覺在生氣，也可以試試做個三十天釋放憤怒的練習。我告訴她，只要每天花個五或十分鐘，打打枕頭，就能釋放潛藏在她內心深處的某種神奇力量。卡拉問說，那她在做這個練習的時候，腦袋裡應該要想什麼？我說，如果真的想不出任何生氣的事情，那就把枕頭當做她身上的脂肪痛打。

好幾個月過後，卡拉終於打電話給我。她說她還是無法成功減重、無法好好工作賺錢、無法找到她渴望擁有的感情關係。我一開頭就先問她，她有沒有照我的建議做釋放憤怒的練習。她說沒有，因為「我不生自己的氣，也不生別人的氣」。我

告訴她，我們之所以無法得到自己渴望的一切，是因為我們自己在排拒——我們覺得自己不配擁有。我們之所以覺得自己不配擁有，往往是因為我們認為自己某部分不夠好。當我們覺得自己本質上不夠好的時候，我們通常會感到憤怒。卡拉聽了，依然堅信她對自己或對別人都沒有任何怨恨。

整整過了一年之後，我接到卡拉打來的電話。她開口的第一句話是：「嘿，我跟妳說，我生氣了！」我忍不住開心歡呼！卡拉找到了她隱藏起來的特質了。她說，過去一年來她過得不太好，生活各個方面都不太順遂。後來，由於經濟拮据，她決定把房子分租給一個女人。大約一個星期之後，卡拉開始對那位女室友感到憤怒和不爽。不管她怎樣努力掩藏這些情緒，只要室友一進家門，她就覺得很煩。卡拉認為找人同住是個錯誤的決定，因此要求對方搬離。但那女人一時無處可去，只能告訴卡拉，等到她找到新住處就會搬出去。卡拉一時難忍情緒，要求對方即刻搬走。她發覺自己居然為了擺脫對方，敢做出這種她所謂「造孽」的事情。最後卡拉威脅那女人在三天之內搬走，否則就會把她所有家當扔到外面。

卡拉內心深藏的黑暗面終於顯露出來，而她無法再否認自己這個陰影的部分。

她能夠覺察到自己的憤怒、承認擁有它、並且擁抱它。她告訴我，她一開始非常震驚，不知該如何是好。所以她就試著用在課程中學習到的技巧，走入自己內在，與她的次人格「不友善的哈莉特」對話，看對方要給她的禮物是什麼。她問哈莉特：「妳要給我的禮物是什麼？」哈莉特回答說是「生命能量」。她告訴卡拉，如果她能夠得到卡拉的關愛和尊重，她就會給予她實現夢想所需要的一切能量。此外，卡拉也拿起了那根閒置在家一年多的塑膠棍棒，卯起來狂打枕頭，打到枕頭裡的棉絮都跑出來。她告訴我，把滿腔怒氣發洩出來的感覺真暢快。幾個月後，她覺得自己的狀態比起過去幾年來好很多。她已經能接納自己的另一個面向，也寬恕自己的憤怒情緒。之後，卡拉的工作業績成長了兩倍，也開始運動與控制飲食，減掉自己覺得過多的體重。

要能夠看到自己的某些面向往往需要時間。即使我們具備了擁抱完整自己的一切知識和方法，但仍會有某些時候，我們還沒準備好看見自身部分的傷痛。事實上，你在關係中所需要的療癒不是來自於他人，而是必須先來自於你自己。當你能與自己內在的所有特質連結交流，療癒便會產生。

絕望感是來自於神性與自我之間的鴻溝。記住我們與所有萬物合一，就是要重新喚起我們內在的神性。我們的內在神性與熱情密不可分。當我們喚醒自己的熱情，就會喚醒我們的內在神性。我們原本以為，熱情是為追求外在事物，是為了其他人、其他地方、其他事物。但是，是時候為你自己釋放你的熱情了。愛自己所有的特質是一項複雜的任務。這本來應該是很簡單自然的，但對我們大部分人而言，卻是我們所面對過最困難的任務。如果你已經努力了很久，卻還是無法全然愛自己的一切、並且接納自己所有的部分，請別氣餒。畢竟，這是我們人生最大的任務，也是我們來到這個世上要完成的任務。

如果你很認真想要好好照顧自己，那我會建議你為自己建立生活的儀式感。每當我告訴別人回去好好照顧自己，大家多半會很疑惑地問說：「那要怎麼做？」做法因人而異，但最重要的是，要有照顧自己的意願。一旦有意願，你就可以開始從小處著手。

你可以先找出一張嬰兒時期的照片，貼在你常看得見的地方。如果你每天都會進辦公室，可以在那裡另外準備一張。照片裡的嬰兒代表你的某一個面向，那個面

向只要得到關愛，就會為你帶來你所渴望的喜悅和幸福。雖然你現在的模樣可能和照片不太一樣，但你的生命本質依然美麗。我們看到小嬰兒的時候，都會不自覺地打開心門，流露關愛。我們會把自己所有的愛與純真投射到小嬰兒身上。我記得我兒子出生時，我感到非常神奇，因為不管我走到哪兒都會有陌生人走上前來，稱讚我的孩子有多麼漂亮、可愛、獨特、健康。這些人從沒見過我兒子，也沒見過我，但他們卻都相信我兒子擁有那些特質。他們只是把自己的某些面向投射到了我兒子身上，然後跟我分享。實際上，我的兒子可能是個麻煩鬼，但沒有人會察覺到這點。

想想看，你會投射哪些特質到小嬰兒身上？你覺得是他們很美好、天真、無瑕、可愛，還是任性、失控、自私、惡劣？你覺得他們的爸媽會很糟糕，不懂得怎樣照顧孩子嗎？不論你想到什麼，請記住，那些全都是你投射出來的自身部分。除非你跟小嬰兒實際相處過，才能客觀地思考，否則你在他們身上看見的，多半都是你自己的某些面向。

看著嬰孩時期的照片，往往能讓人想起自己內心深處的純真。我們大部分人對

小嬰孩都比較包容，遠超過對其他成年人或自己包容的程度。試想，假如有個小寶寶打翻了放在你電腦旁的一杯水，你會很生氣地瞪他，還是你知道小寶寶沒有惡意，自己摸摸鼻子把水擦乾？我們比較少會批判小嬰孩。就把自己看做是天真無邪的孩子般對待，他只是需要你的關愛、呵護和認可。讓這個小孩感受到那份愛。想像你每天都對這個小寶寶付出愛。閉上眼睛，讓你小時候的身影出現腦海，問說：「我今天可以為這個小孩做些什麼？我該怎樣讓他感覺到被愛、被照顧？」傾聽你內在的聲音。聽聽你的內在小孩想要和需要什麼。他們可能需要聽到你說，「我愛你，我接受你」，或「我欣賞你」。他們可能期盼你在忙碌的行程中有個晚上可以好好放鬆、去看場電影，或是睡個午覺。大家現在最需要的似乎就是休息和感恩。但我們總是忙碌奔波，都忘了該如何照顧自己。

要讓你自己知道，你很重要

早晨是讓我們可以跟自己內在神性連結的神聖時光。隨著夜晚的寂靜褪去、嶄

新的一天來臨，早晨的思緒和感受可以為我們的一整天打好基礎。在開始忙碌之前，你可以在早晨給自己幾分鐘的時間，為美好的一天做好準備。

還有，在沖澡之前，可以試試幫自己做個精油按摩，並為身體的每個部分感謝上天。你可以先從頭開始，一邊用精油搓揉，一邊感謝上天賜予你面孔、感官、嗓音、耳朵和頭腦；接著沿著脖子、肩膀、胳膊、手、胸部、腹部一路按摩。感謝你的身體無時無刻陪伴著你、安放的你靈魂，是你堅固的基石。繼續按摩到臀部，然後到腿部，過程中務必將注意力放在你正在按摩的每個身體部位。按摩到腳的時候，記得好好感謝它們這麼多年來帶著你四處行走。閉著眼睛，仔細感受整個身體，看是否有哪個部分讓你感覺到緊繃或不適。把你的關愛投注在身體的這些部分，感謝它們與你溝通，然後讓那股緊繃感排出體外。

如果你沒時間做精油按摩，你也可以改用別種類似的方式。例如洗澡時，帶著關愛清洗身體的每個部位，感謝每個部位善盡職責，相互合作。這整個過程不需花費超過五分鐘。若時間允許，也可以多花一點時間。重點在於看重自己。要讓你自己知道，你很重要。尊崇與敬重自己的天賦。當你真心敬重、看重自己，你也會以

同樣的態度對待他人，吸引心意相通的人、以及正面的際遇來到你的人生。

你也可以每天晚上花一些時間，為自己做點特別的事。比方說，泡澡就是紓解一整天辛勞的好方法。點上蠟燭、把燈關掉，全身浸泡在裝滿熱水的浴缸裡，這樣就是照顧自己的一種絕佳方式。入浴時你可以安靜冥想，或是聆聽能夠滋養心靈的音樂。如果你不喜歡泡澡的話，你可以嘗試在每晚就寢前為自己營造一個舒心的環境。例如，點上蠟燭或線香，讓心情愉悅起來。放點音樂，或者在寂靜中冥想，讓身心完全融入在你所打造的氛圍之中。這些都是為一天劃下句點的不錯方式。

在我決定展開自己的療癒過程之初，我列出了所有我可以為自己做的事情。在這些事情當中，我是經過了一段時間，才發現上健身房並不能滋養我的心靈。健身確實能讓我身材變得更好、身體變得更健康，也對我的自我有益，但卻無法滋養我的靈性。所以，重要的是，要區分什麼是有助於你的自我價值感、什麼有益於你的靈魂。

那時候我剛和一個男人分手，內心感到非常孤單。但我決定，與其陷入悲傷，不如訂定個計劃，跟自己談戀愛。每天晚上，我會為自己煮一頓豐盛的晚餐，儘管

我不是很會做菜。去商店採買時，我會問自己：「今天晚上我可以吃些什麼來滋補自己一下？」吃晚餐的時候，我會放音樂、點上線香。飯後，我會生起爐火，並且在屋子裡點滿蠟燭。我完全是為了自己營造出這樣的浪漫氛圍。一兩個星期過後，我每天都迫不及待地想回家跟自己相處。與其等待著別人來愛我，不如跟自己談戀愛——結果還真管用。

這個夜間儀式，讓我的生活有了一百八十度的轉變。每天起床後，我感到很滿足、放鬆，而且覺得自己很棒。每一天我都更懂得滋養自己的靈魂。你希望別人為你做什麼，那就為你自己去做吧。如果你喜歡花，那就買花送給自己。放上輕柔的音樂、點上蠟燭。到店裡挑選你喜愛的蠟燭香味，然後每天使用。你是你自己最重要的人。如果你平常不是那麼注重外表穿著，但獨自用餐時，還是好好打扮一番去享用，也是一種照顧自己的方式。即便你沒有要外出，也可以穿上讓你感覺很好的衣著。把自己當作王宮貴族般尊敬與對待。你就是皇家貴族！

外在世界會如鏡子般映照出你的內在。如果你打心底愛自己、照顧自己、肯定自己，你的外在生活就會顯現出如此樣貌。如果你想得到更多的愛，那就給自己更

多的愛。如果你想要得到接納，那就先接納自己。我保證，如果你從內心深處愛自己、尊重自己，你就會從宇宙中召喚來同等的愛與尊重。如果你覺得自己已經是這麼做了，但你的外在生活卻依然不如你所期盼的，那請你再一次審視自己的內在，找出隱藏的謊言，挖掘出你最渴望得到、但卻不允許自己擁有的是什麼。

練習

1. 這個練習是要找出並釋放有毒的情緒能量。我們的重點是在「寬恕」，而目的是要釋放任何卡住你的情緒，像是憤怒、怨恨、懊悔或愧疚等，這些情緒會使你無法寬恕自己或別人。

寫日誌是一種不錯的方式，可以幫助你處理情緒。你可以想到什麼就都寫什麼，讓鬱積在身體和內心的有毒情緒，自由地宣洩出來。一旦我們能夠承認、並且不加以批判地允許這些情緒存在，情緒就會被釋放。

首先，請清理身邊的雜物，你只需準備好日誌本和一枝筆即可。你可以放些柔和的音樂、點上幾根蠟燭或線香，幫助自己放鬆。接著，請閉上眼睛，利用呼吸讓心靜下來，順服地進入練習。做五次緩慢的深呼吸。

閉著眼睛，想像自己坐上電梯，按下到五樓的按鈕。電梯門開啟，你會發

現自己來到一座美麗的花園，眼目所及全是綠色的植物與花朵，然後看到有一把舒適的椅子，讓你可以坐下來放鬆。舒服地坐在椅子上，再做一次緩慢的深呼吸。接下來，依序問自己下列問題，讓答案自然浮現。然後再睜開眼睛，把答案寫下來。在問每個問題之前，別忘了閉上眼睛，做幾次緩慢的深呼吸，讓你的心清明澄澈，好好聽見內心的答案。

a. 我為自己創造了什麼樣的故事，造就了我的人生現況？

記錄

b. 我的心中懷有哪些怨恨、舊傷痛、憤怒或懊悔？

記錄

c. 我始終無法原諒誰？

記錄

d. 我需要做哪些改變，才能寬恕自己和他人？

記錄

e. 現在，請把你需要原諒的對象列出來，並分別給他們寫一封簡短的信。如果你的名單很長，能寫多少算多少。沒寫完的，可以等以後再完成。

f. 若要接納你人生到目前為止的景況，你需要對自己說什麼？

2. 寫一封寬恕的信給自己。列出三位你最敬佩的人，並寫下他們身上各有哪三項特質激勵了你。然後做一份清單，列出這九項特質。翻到前面第二一九頁的正

面字詞列表，記下你仍然無法在內心承認擁有的字詞。再將這些字詞加到剛才那列有九項特質的清單裡。

現在，拿著這張字詞清單，站或坐在鏡子前。將每一個字詞放入「我是個……的人」句子中，然後看著自己的眼睛反覆說出，直到你不再排斥那個字詞為止。每天選定一個時間去承認擁有清單上的一或兩個特質。如果你遇到瓶頸，怎樣都不願意或是無法承認擁有某項特質時，可先跳過，過段時間再回來練習。

第十章　活出精彩人生

「實現夢想」要先從弄清楚自己真正的夢想是什麼開始，這可是一項艱難的任務。我們從小跟隨著父母師長的腳步長大。我們大多數人在學校要念什麼科系，都是聽從他們的指導與建議。他們還影響了我們休閒時要培養哪些嗜好、做哪些運動、參加什麼社團。長大之後，我們多半也會根據長輩們樹立的理想標準，來選擇職業和配偶。但是，我們要到什麼時候才能停止聽從這些外界的聲音，轉而傾聽自己內在的指引？我們要到什麼時候才能確定，或許自己現在走的這條路並不是我們真正要走的路？我們之所以感覺自己人生好像少了什麼，會不會原因正在於此？

這些是我們最害怕面對的問題，因為這些問題使我們不得不重新審視自己所受的教導。你是否質疑過你對神的信仰？對某些人而言，質疑信仰的教義是滔天大罪。但是，如果我們都不去質疑自己最根本的信念，我們就難以在靈性上成長。我

們的人生只能遵循在父母建立的範圍內前行，永遠無法跨越在我們小時候便已設定好的種種界限。本章的主旨就在於告訴你如何踏入未知的疆域，引領你活出了不起與平和的人生。別再說「我做不到那樣」，而是要自問「為什麼我不該做到那樣？我在害怕什麼」？這樣的問題是在對限制住你的束縛提出質疑。本章即是要帶領你發現自己的人生目標。

問自己是否走在對的道路上，這聽起來似乎不難。難的部分是傾聽內心的答案。你的頭腦會告訴你一種答案，但你的心卻可能有另一種答案。恐懼或許會促使你維持現行的方向，但是愛卻很可能會鼓勵你轉個彎。你必須靜下心來，傾聽自己內在的召喚。你必須打開心扉，找到愛在哪裡。如果你決定追隨自己的熱情和渴望，你還是必須要靜下心來，傾聽來自你內在靈魂的答案。如果你只是在安全的範圍內把頭露出水面行走，那麼你看到的風景永遠都是一樣。勇敢冒險進入更深的水裡，等待著你的就是另一個神奇的世界。

可是，我們害怕會溺水，害怕出錯，害怕失敗。你的渴望是否有重要到讓你願意面對自己的恐懼？你是否非常想要實現這個渴望？選擇權在你手上。你可以選擇

改變自己的態度，從聽天由命改變為決心投入，從恐懼的心態改變為充滿著愛。第一步要做的就是問自己問題，而且是直接將你心裡的直述句改為問句。比方說，把「我是個失敗者」改為「我會成功嗎？」，把「我厭倦生活」變換為「我能過得很開心嗎？」，把「我的人生一成不變」改為「我可以改變自己的世界嗎？」。

我們對於「正確的」、「有安全感」的需求，阻礙了我們對人生的投入。如果我們質問自己是出於什麼理由這麼做，不安全感便會油然而生。你寧願站在「正確」的一方承認自己無能為力，還是願意即使是錯了也相信自己能夠過得不平凡？你寧願手上握有一小筆錢就好，還是願意承擔風險，大膽投資？你寧願繼續做自己不喜歡的工作，還是願意冒險開創自己熱愛的事業？你快樂嗎？你是否追隨著內心的渴望？假如，你知道自己只剩一年可活，你還是會做你現在正在做的事嗎？你還是會為你的人生做出相同的選擇嗎？

閉上眼睛，把專注力放在你感覺安全自在的內心深處。問自己，你想在人生的這個時刻做什麼事情？問自己，為什麼你不去追求那個夢想？你在害怕什麼？問自己這個問題：如果你只剩一年可活，你會做什麼？你會改變什麼？讓答案停留在你

內心的靜謐之中，並且下定決心改變自己的人生，如此才有可能實現你的夢想。向自己承諾，永遠會傾聽自己內在的真理，讓宇宙引導你實現內心的渴望。只要做出承諾，就會改變你的人生。這麼做就是向你自己，還有宇宙宣告：「我值得擁有我所渴望的，我會盡力去實現夢想。」蘇格蘭探險家默里（W. H. Murray）寫道：

一個人在下定決心前都會猶豫不決，會想退縮，因此總是一事無成。所有主動（和創造性）的行動，都蘊含著以下這個基本真理，若無視此真理，將扼殺無數的創意想法與雄心壯志：一個人一旦百分之百下定決心，老天也會出動。所有本來不會發生的事情都會發生，提供一臂之力。一連串的事件都是從下定決心的那一刻出現，各種意想不到的事情、因緣際會、實質助力，會有如天助，接踵而至，而這一切沒人會想到是這樣發生。不論你有能力做什麼，或有什麼夢想，就去做吧！勇氣當中自然會有天賦、力量和神奇魔力。

若沒有決心，宇宙也無法為我們創造各種事件，讓我們的心願成真。

遺憾的是，我們大部分人對於自己真正的渴望，並沒有下定決心去實現。我們晚上躺在床上，祈求生活過得更好、身體更健康、有更好的工作，可是什麼也沒改變。因為我們只是在欺騙自己。我們所祈求的，跟我們下定決心去做的，往往是背道而馳。我們希望有健康的生活方式，但卻總是只坐著不動。我們祈求有良好的人際往來，卻一直窩在家裡不跟別人打交道。我們非常習慣安於現狀。要等到我們體認到，沒有人會來拯救我們、沒有人會替我們實現願望，而且不論喜歡或討厭，我們以前的傷痛一直都還在，這時，我們才會明白，我們才是那個必須發揮自身潛能的人。責怪別人比承擔責任容易得多。「萬一我失敗了怎麼辦？要是會受到傷害怎麼辦？別人會怎麼看待我？」

傾聽自己內在的聲音，全然活出自己的人生

我第一次戒毒是在我二十九歲生日的前幾個星期。之前，我因為吸毒而導致藥物中毒已將近十五年。我的人生充滿痛苦和絕望。雖然外表看來我還人模人樣，但

內在的我早已奄奄一息。

第四次從勒戒中心出來後，我才終於下定決心要讓自己復原。在此之前，我只要覺得有一點難過、憤怒或孤單，就會故態復萌，走回那條不歸路。但就在那美好的一天，我在邁阿密的街道上，開著敞篷車，感受著徐徐微風拂過臉龐。我完全沉浸在當下，對於自己還活著、戒除毒癮充滿了感激。

我的心裡浮現出一幅未來的圖像——我真的可以治癒自己的種種成癮行為，包括香菸、藥物、食物、購物和男人。我看見自己走遍各地，與人分享我在健康方面的訊息。我聽見我自己說：「你辦得到！你可以擁有一切，你可以完全復原！」我激動得全身不住顫抖。我感到既興奮又害怕。我發現，我強烈渴望把自己得到的關愛與幫助，回報給這個世界。那個時候，我正好開到北邁阿密海灘的阿文圖拉購物中心前面，在等紅燈的同時，我知道自己的人生能夠、而且將會有所不同。我知道只要我下定決心，竭盡全力處理我所有的憤怒、暴躁、固執、自以為是，面對自我以及自我的膨脹，那麼我相信，我，可以回饋什麼給這個世界。

當時浮現的那幅未來圖像，帶領我到達了人生的此刻。每當我想放棄、想要停

止處理自己的情緒時，我的內在就會有個微小的聲音提醒我：「不行喔，妳還沒完成，妳還沒復原。」每當我想要責怪別人的時候，就會有個聲音從我的內在出現，問我：「妳在這個事情當中該負起什麼責任？為什麼妳會把這個事情帶進自己的人生裡？」我身體裡的每一個細胞，都與我想要完全復原的決心是目標一致。所以，每當我不想接受療程、不想參加課程，或是不願面對自己更深層的痛苦，我還是會去做我該做的，因為比起我已經感覺很好了，我更是想要真正復原。

我去參加「過量進食者匿名組織」的聚會，不是因為我有體重過重的問題，而是因為我發現自己會一口氣吃掉一整個巧克力蛋糕。我曾經靠著嗑藥來改變自己的感覺，而我突然醒悟，我可能就快要在食物上落入同樣的陷阱。由於我下定了決心，因此我決定不要再用另一個成癮行為去取代這一個成癮行為。我確實可以用吃來忘卻一切，但我選擇去處理這個問題。我知道，要真正改變自己的人生，我必須暫時忍受痛苦。這份要復原的決心，促使了我的蛻變。若沒有這份決心，我可能會繼續用成癮行為來麻痺自己的痛苦。

我想告訴大家，我跟大家所認為的「完美」還相距甚遠。只不過，成為完美的

人不再是我的人生使命。我現在的使命是成為一個完整的人，一個既是完美、也是不完美的人。我現在的使命是傾聽我的內在智慧，並全然地活出自己的人生。我現在的承諾是，盡自己所能地愛自己，因為我知道，當我這麼做的時候，我就能夠回過頭來愛別人。我跟大家分享的每一段歷程，最後都終結了我的痛苦，賦予我知識與勇氣，讓我完全獲得療癒。如果當時我沒有堅守這個核心承諾，我現在也不可能寫這本書。這個承諾引領我探索了數百種療癒的方法，也很自然地引導我走向我需要去跟從學習的人、地方和經歷。

找出潛藏的承諾，下定決心實現自己的夢想

如果你還不清楚自己想要什麼，也別害怕。只要承諾自己會發揮所有的潛能，活出精彩的人生。活在當下，宇宙就會向你顯現你自己的獨特天賦。你的決心會帶領你前往你需要去的地方，指引你找到你需要閱讀的書，以及遇見能夠協助和教導你的人。有句佛教的諺語說：「當學生準備好了，老師就會出現。」過去十四年

來，有上百位的老師出現在我生命中。他們以女性友人、戀人、事業夥伴的角色現身，還有些人是以小偷、騙子的樣貌出現。所有曾與我往來的人，不論關係是好還是不好，都走進我的生命裡教導我、指引我、幫助我實現承諾。我的友人安妮米卡說：「所有來到你面前的人，都是為了療癒你而來。」即便是來參加我的課程的人也都是為了療癒我而來。理解到這點後，我跟別人的互動就改變了。

我有一位朋友，他的體重至少超重了四十五公斤。他經常跟我說，他吃得有多麼健康，所以飲食並非他過重的原因。就某種程度上來說，他講得沒錯。問題的確不在食物，而在於他欺騙自己，認為自己飲食習慣良好。他嗜吃成癮，而且不願意承認，也不肯尋求幫助。成癮的威力強大，而否認就像是個殺手，會抹煞掉人們實現目標的機會。當我們下定決心，我們就必須願意去挖掘出自己現狀的問題根源。如果你真心想要減重，那麼發覺到自己對食物成癮就是一件好事——這也是實現目標的必要步驟。然而，如果你放在首要下定的決心是去相信，自己沒有飲食失調的問題，或是以為自己只是新陳代謝較差，那麼你就會很難實現自己想要減重的願望，因為它只變成其次而已。深入探究問題的真正根源，然後下定決心，你的願望

才會成真。

像個戰士一樣，待時候一到，就去實現你的夢想。我認識很多人講到自己的夢想時，彷彿把它們當做是珍貴錢幣般，牢牢鎖在博物館的展示櫃裡。他們在深夜裡默默祈求自己的夢想能夠成真，但心中的恐懼與聽天由命卻讓他們很消極，沒有作為。你知道誰才能得到珍貴的錢幣嗎？是那個擬定行動計劃、寫下使命宣言、下定決心的人。只有朝這個方向前進，才能邁向更加徹悟的人生，才能真正活出真理。

我的朋友約翰是一位三十六歲、極具音樂才華的創作歌手。我記得最初和約翰聊到他的音樂天賦時，他根本聽不進我的話。他會回我：「好了，別說了。我不想去想這些。」過了很長的一段時間，約翰才承認自己曾經幻想獲得葛萊美獎，還有在成千上萬的聽眾面前演出自己的音樂作品。接著，每當他講起自己的音樂夢，整個臉就亮了起來。他在演奏自己的創作時，他對於音樂的熱愛完全是發自內心。音樂顯然就是他內心的渴望，而且他自己也察覺到了，他只是需要去實現而已。

某天晚上，我和約翰坐下來，一起檢視他有哪些潛藏的信念，阻礙了他成為創作歌手。我們拿出一張紙，在紙的一邊，清楚寫下約翰想要成為知名創作歌手的決

心，另一邊則列出阻礙他實現這個夢想的所有想法。內容如下：

潛藏的承諾

我，約翰．帕爾默，無法實現這個夢想，因為我不夠有才華。

這是個不切實際的目標。

這不是好孩子會做的事。

我在上鋼琴課時，沒有好好學。

我之前花了五年時間做過類似的嘗試，但沒有成功，那這一次為什麼可以成功？

我還很嫩，還沒準備好面對考驗。

我沒有時間做不切實際的夢想，我必須找份正經的工作。

這些潛藏的想法，讓約翰從未認真考慮把音樂當做是一種職涯的選擇。身為一個局外人，我想不通為什麼約翰無法像我一樣看到他自己的音樂天分。然而，當他

表達出心中的恐懼之後，就不難理解為什麼他從未放膽追求自己的音樂事業。因為他不自覺地把較多的注意力放在實現夢想會遇到的障礙，而不是去探究他未來的夢想是否可以成真。

我們必須挖掘出所有阻礙我們實現夢想的想法。我將它們稱為「潛藏的承諾」，因為這些是我們在潛意識裡與自己的約定——不要去達成自己的真實目標。不論你是否決定要去追逐自己的夢想，都務必要問問自己，是什麼在驅動著你去達成內心的願望，以及有什麼在阻礙著你？若不去問自己這些問題，我們就會繼續過著很沒價值的人生。不論你的目標是減重、賺大錢，或是改善人際關係，你都必須回過頭去挖掘你潛藏的承諾與信念。你不需要壓抑這些想法，而是要允許它們存在，這樣你才能從中選擇能帶給你力量的想法，捨棄其他的信念。

現在，花點時間，拿出一張紙，把某個你始終沒能實現的目標寫下來。接著寫下跟那個目標有關的所有信念與潛藏的承諾。不要想太久，想到什麼就趕快寫下來。然後，從頭逐一反問自己：這個信念是事實，還是批評？這是非常重要的提問。我跟約翰從頭重新檢視他的列表後，結果如下：

（批評）我，約翰．帕爾默，無法實現這個夢想，因為我不夠有才華。

（批評）這是個不切實際的目標。

（批評）這不是好孩子會做的事。

（批評）我在上鋼琴課時，沒有好好學。

（批評）我之前花了五年時間做過類似的嘗試，但沒有成功，那這一次為什麼可以成功？

（批評）我還很嫩，還沒準備好面對考驗。

（批評）我沒有時間做不切實際的夢想，我必須找份正經的工作。

阻礙約翰的每一個想法都是來自於他自己或朋友家人的批評。而這些評斷掌控了他的人生。遺憾的是，我們大多數人也都是在同樣的處境。我們放任自己內在的信念控制我們的人生。很特別的一點是，我們的朋友和家人往往也會有跟我們同樣

的信念。我們身邊的人讓我們相信，或者是我們讓他們相信，這些評斷屬實。最近，我和約翰的幾個朋友去參加了一場聚會。當我聊起約翰的音樂夢想這個話題時，他的三個朋友講得都一樣，幾乎一字不差地告訴我，為什麼約翰無法在音樂上成功。是約翰從朋友那裡得到這些自我侷限的評斷，還是他說服自己身邊的人相信他的論斷？不管怎樣，約翰並沒有下定決心實踐自己真正的夢想。

你就是擁有改變自己人生的力量、答案和能力的人

要改變自己的人生，必須有非常大的決心。這年來我接觸過各種個案，我發現很多人喜歡談改變，但卻又不願意捨棄那些讓自己陷入負面模式的行為。問問自己，你對於內在平靜、快樂、完整的追求，是否只是表面上做做樣子？還是你已經準備好要拿回掌控權，要自己決定如何體驗人生？沒人可以為你解決問題。但是你能自己解決。你就是擁有改變自己人生的力量、答案和能力的人。而且也只有你能夠做到。

我們每年砸下大把鈔票想要改造自己的身材、健康、人際關係等等，但是我們大部分人依然對於自己人生有不滿意的地方。我們一直是處於一種「想要卻得不到」的狀態之中。這種想要卻得不到、夢想始終無法實現的狀態，其實是我們停滯不前，卻假裝自己正朝向某個目標前進的結果。如果沒有如何達成目標的計劃，你怎麼會有真正的渴望，或真正的目標？如果沒有對自己承諾、要竭盡所能實現自己的目標，夢想是永遠無法開花結果。心理學家稱此為「神奇思維」。我們會欺騙自己，以為不必採取什麼實際作為，某天夢想就能自動實現。有些人是在腦袋裡思索著自己的渴望，有些人是跟朋友談夢想、尋訪大師或求神拜佛。有些人掏錢求問算命師、靈媒。有些人則是在夢想遲遲無法實現之時，透過電視和電影代替體驗心願成真的滋味。

這些都只是逃避面對現實的做法。單單祈禱、卻沒有實際作為就不是祈禱，而是空想。如果我們不幫助自己，上帝又能如何幫助我們？我曾聽過一個故事，講的是有個男人非常虔誠地信仰上帝。他經常跟朋友說，無論他遭逢何種困難，皆會迎刃而解，因為上帝會看顧他。某天，一場猛烈的暴風雨侵襲他所居住的城鎮，引發

嚴重的洪水氾濫。鎮上居民紛紛收拾家當，倉皇逃離，但這個男人卻待在家中，相信上帝會幫助他安然度過危險。雨水已經開始從他家的門縫和窗戶滲入了。一輛消防車駛過，救難人員朝他大喊：「你不能待在這裡，快點撤離！」「不用，」他回答，「上帝會看顧我！」

不久水淹及腰，街道成了汪洋一片。一艘巡防橡皮艇駛經他家，救難人員對他大叫道：「喂，快游到船上來！」「不必，」男人大聲回話，「上帝會看顧我！」滂沱大雨持續不斷下著，最後淹沒了他的整幢房子。一架直升機從他家上空飛過，駕駛員看見男人在屋頂上禱告的身影，於是垂下救生梯，用擴音器廣播說：「你，下方的那位民眾，快抓住梯子，我們會帶你到安全的地方！」男人還是重申他的堅定信念：「上帝會看顧我。」最後他淹死了。在天國之門的前面，他感到一整個被背叛了的感覺。「主啊，」他說，「我虔誠信靠祢，求祢來救我。祢說會永遠看顧我，可是在我最需要祢的時候，祢卻棄我不顧。」「何以言之？」上帝答道，「我派了一輛消防車、一艘橡皮艇和一架直升機去救你。你還要我為你做什麼呢？」

信仰並沒有錯，對信仰抱持堅定信心也沒有錯。只是在某些時候，你必須採取

下一步行動。你要先下定決心得到自己在人生中期盼獲得的東西，然後擬定計劃去實現。你想要的東西就在那裡等著你，但絕不可能會從天上掉下來，讓你不費力氣就得到。如果你想知道自己是不是真的想改變人生，可以問問自己有沒有一個行動的計劃。如果答案是沒有，那請回頭檢視自己是否真的下定決心要實現目標。你應該要把行動計劃寫下來，因為若只是擱在腦袋裡，那比較像是幻想而不是計劃。再說，放在腦袋裡的計劃很容易就給忘了、不見了，或是因生活瑣事而被擱在一旁。但如果你是把計劃寫下來並隨時提醒自己，實現目標的可能性就會大大增加。

少了計劃，我們的渴望便會在暗地裡嘲笑我們，令我們徒感空虛。甘地曾說：「我十分確信，任何人都能達到跟我一樣的成就，只要他（她）願意付出同等的努力、懷抱同樣的希望和信心。但如果信心無法轉化為行動，那又有何用？」就我所見，人們的痛苦折磨，大多都是無法完成自己的夢想所致。他們成天覺得自己陷在錯誤的關係中，或是找不到理想的工作，但當我問他們打算如何改變這些人生的面向，他們卻看著我，好像我是在講什麼玩笑話。他們以為，只要他們「解決了自己的問題」，就能輕而易舉地實現夢想。我們最好要質疑這樣的信念。

擬出行動計劃並不難，最難的部分是花時間去執行整個計劃。我建議先挑一個過去你一直試著想要達成的目標──而且是選那個看起來最不會令人卻步的目標。接著，把目標分成四個部分：每日的計劃、每週的計劃、每月的計劃、每年的計劃。然後問自己：我每天要做什麼來實現這個目標？我每週要做什麼來實現這個目標？延續到每月、每年上頭，又要做什麼來完成這個目標？製做一份包含不同項目計劃的日程表，讓自己可以更實際知道要如何完成目標。規劃完成後，你便等於是啟程踏上真正實現夢想的道路。

前陣子我有一位個案叫尼克，他希望我幫助他釐清，為什麼他的事業始終無法更上一層樓。尼克不斷告訴我，他覺得好像有什麼東西拖住他，讓他無法真正到達成功的頂峰。經過了許多小時的晤談後，我問他，他的公司每年賺多少錢？尼克說，大概六、七百萬美元。我嚇了一跳，問他說，賺這麼多錢，為什麼還是不滿意？他回答說，要是公司的營業額能多增加四百萬美元，他就用不著那麼辛苦工作了。我又問尼克，從這六、七百萬美元的營收中，他可以獲利多少？他說，支付完員工的薪資後就所剩無幾。於是我說，或許問題點不在於增加營收，而在於如何降

低人事成本，才能讓他能從營收當中獲得百分之三十的利潤。尼克對我的提議不以為然。他早已認定，要讓公司成長壯大的唯一辦法，就是增加更多的營業額。

諷刺的是，尼克從事的是企管顧問這個行業，專門為企業提供怎樣賺錢的諮詢服務。我們談了很長的時間，尼克最後提到，他的父親在二十年前曾說尼克永遠賺不了什麼錢，而且他花掉的錢總是比賺的錢還多。尼克顯然相信父親的說法，然後不自覺地信守父親講過的話。如今他需要對自己許下新的承諾：為了讓事業更上一層樓，他無論如何都必須從每年的營業額中獲得百分之三十的利潤。尼克立下承諾之後，便看出許多能夠降低人事成本的地方，但要付諸行動，就必須真正面對公司許多棘手的問題。尼克向來喜歡當那種從不過問員工花費的好老闆，而且儘管經營困難，也絕不調降員工薪水。他喜歡扮演「大人物」的角色，欺騙自己相信，這樣就代表他是一個成功的老闆。

於是，尼克召開了高階主管會議，告訴大家，他需要他們的協助來讓公司獲利。他請大家集思廣益，如何減少公司的開支，以獲得百分之三十的利潤。這是第一次，尼克讓公司每一位員工真正暢所欲言。為了達成目標，他必須重塑自己的老

鬮角色。他必須為公司的營運狀況、以及自己的無效管理負起責任。這個過程並不容易。經過了一番痛苦折騰，尼克發現自己渴望事業成功的那份決心，是來自於他的頭腦，而不是他的內心。在整頓公司的過程中，他開始自問是否真的想住在中美洲這個他多年前創立公司的地方，以及他是否真的想繼續奔走世界各地、一個月出差二十天。尼克對自己為什麼要創辦公司提出疑問之後，發現他對於自己的個人生活比他自以為的不滿意多了。

但尼克已下定決心要克服困難，追求人生的快樂和滿足，所以宇宙將許多事件帶入他的人生裡，打破困住他的圍牆。這些事件引導他發覺，自己原本的承諾並非他內心的渴望。他敞開心扉，願意接納這一點，結果現在為自己的人生找到了一條新的道路，讓自己心靈充滿平靜。他體認到，自己其實從未想要成立一家大公司、裡面要有很多員工。他想要的是一個妻子和一個家庭，而為了實現這個心願，他必須待在一個地方，不要一直跑來跑去。尼克還對自己許下了更深一層的承諾：他要追求靈性的成長，建立持久的友誼，這些才是他現在認為人生圓滿所不可或缺的。

就像我們大多數人一樣，尼克必須歷經一番痛苦，才能發現自己內心的渴望。

如果你下定決心要改變自己人生的某個部分、卻無法達成目標，請檢視你正在努力實踐的潛藏信念是什麼。你必須願意去看清，你的某些渴望可能是來自於頭腦，而不是內心。頭腦有時會欺騙你，讓你以為自己現在所擁有的還不夠，你還想再追求更多、更好、更不同。我們必須找出這些受自我驅使的欲望是什麼，然後用內心真正的渴望取而代之。

超越你頭腦裡的吵雜聲。我們大部分人都跟尼克一樣，以為實現頭腦裡的渴望，就能填補我們人生的空虛。但只有當我們追隨內心深處的召喚，才能得到恆久的滿足。什麼才能為你的人生帶來滿足與平衡？你這一生真正的樣貌是什麼？你這一生注定要為這個世界帶來什麼？我們大部分人都曾瞥見自己靈魂此生的渴望。可是許多人選擇忽視內心的召喚，另一些人則依然在等待、期盼、祈求有機會展現自己的獨特天賦，而沒有意識到唯一存在的時刻，就是當下。

對於你想要改變人生的計劃，信守承諾是不可或缺的關鍵。你對自己和別人所說的話是很重要的。如果你告訴自己要力行健康飲食，可是又不去做，那就等於是在向你自己、還有向宇宙傳達，你不是一個值得信任的人。如果你說明年要換個新

工作，卻什麼也沒做，那你就是在傳達出一種訊息說，你不是一個可以信賴的人。即便是像收支要平衡的這種小事，如果你都沒做到，那你就等於是在對自己跟宇宙說，你是個說話不算數的人。這些沒做到的承諾會減弱我們對自身價值的感受。

數年前，我參加了一個為期三天、關於個人成長與發展的課程。就是在那時候，我學習到信守諾言的重要性，而且也因此改變了我整個人生。信守承諾很簡單，那就是「言出必行」。如果你沒有打算做某件事，就不要說你要去做。讓你的承諾成為你最重要的資產，即所謂的一諾千金。如果你把自己的承諾當成黃金般重視，認為它會帶給你黃金，那你想要什麼，你就能創造什麼。如果你每次都言出必行、說到做到，你就能讓自己和宇宙相信，你是一個值得信任的人。這麼一來，當你開始為更大的目標努力時，當你講出你要賺更多錢、要談戀愛、要寫書，或是要開一間店，你就能夠做得到。

當我們總是說話不算話，那我們也會很難再相信自己。你從未實踐的那些新年新希望，就只是願望罷了；你說出口的承諾，如果沒有認真看待，就只是一些噪音罷了。溝通交流是很棒的禮物，但你講出口的承諾話語，會有更好的禮物要送給

你。承諾的話語可以幫助你規劃自己的人生，可以賦予你力量和自由。當你承諾要為自己或他人做某件事的時候，而且你知道你會實現諾言，你便擁有了力量。當你想在自己的人生中改變什麼，或是想要達成某個目標，而且你知道自己能夠做到，你便擁有了自由。

詹姆斯．希爾曼（James Hillman）在《靈魂密碼》（The Soul's Code）中說道：「你天生具有自己的性格，那是天生稟賦，按古代的傳說，那是守護神在你出生那一刻，送給你的禮物。」發現你與生俱來的天賦、你人生的目的，是一種過程，需要時間，需要一層一層剝去外殼，挖掘出裡頭屬於你個人的、獨一無二的印記。我們每個人都有自己的使命。你有的是別人所沒有的。你的使命也許是療癒他人、教導他人、滋養他人，或是發現治療癌症的藥物。也或許是你跟人互動的方式、創造力的表現，或是教養孩子的方式。無論你的人生使命為何，如果你下定決心找到並實現，你的內心將會感到無比充實，你也會感覺非常振奮。

「喬布拉幸福生命中心」的醫療總監大衛．賽門曾說：

「法」或「人生終極目標」的概念，是認為宇宙中所有的一切都是獨特而重要的。我們每個人來到這個世上都帶有獨特的視角與天分，使我們能夠展現從未顯露過的天生才智。當我們是為追尋人生目標而活時，我們的所作所為都是為了自己以及那些因我們的選擇而受影響的人。當我們想都不必想、願意投注生命去做時，我們便知道我們是在追求自己的人生目標。我們能提供給其他人最好的一項服務，就是幫助他們發現自己的人生終極目標。這也是父母在自己孩子的人生中可以發揮的最重要作用。

假若你現在並不知道自己的人生使命為何，也別慌張；只要開始探尋，並且相信來自你內心的答案就好。你內在的聲音會帶領你走向圓滿。人們往往長期忽視自己的直覺和內在指引，結果使得那些最能夠幫助自己的內在聲音緘默下來。當你知道自己該去做某件事，但卻老是去做另一件事，那就是在扼殺你自己的心靈，否認你的內在本質，也會讓你難以發現自己的未來願景。我們大部分人在某個時刻，都至少曾瞥見過自己的使命，但不知怎樣地，我們選擇了放棄追隨。如今當我們覺得

自己準備好去看見、追隨它時，它卻閃躲不見了。你必須聆聽自己內在部分、聆聽那個曾經試圖引導你通往更高目標的聲音。請這個部分再次讓你覺醒，並且指引你竭盡全力而為。你必須找出自己的人生使命，並且記住，你的存在是有緣由的。

相信你的內在智慧

我初次決心戒毒的時候，我是從事服裝零售業。那時我愈是往內探索自己，愈是感覺到自己需要在人生中做出改變。但要改變什麼，我完全沒有頭緒，因此每天早晨，我會虔心跪下來，唸著我在匿名戒酒會的書籍中，學來的一段禱告詞：

神啊，我把自己託付給祢——聽憑祢的旨意在我身上動工並塑造我。請除去我的自我束縛，讓我能切實遵行祢的旨意。請挪去我的困難，而這將是藉著祢的力量、祢的愛、祢的真理之道，幫助我戰勝困難的見證。願我永遠遵行祢的旨意！

我每天都這麼禱告，這個祈禱儀式使我開始相信，總有一天我會發現自己的人生使命。就這樣，幾個月之後，當我開車在路上看到自己的未來願景時，我知道，那是聖靈在指引我當走的道路。

許多人拒絕自己的使命，因為害怕自己無法達成。他們選擇對自身天賦視而不見，不願面對那看似遙不可及的未來。許多人放棄去發掘自己的獨特天賦。然而，發現我們人生的使命是真正值得努力去做的事情，也是我們與生俱來的權利。我們唯一的侷限是來自於我們的頭腦。

我建議可以寫一份個人使命宣言。寫下五到十個真正能夠激勵自己的字詞，用這些字詞，寫成一個充滿力量的句子，它將會指引你、守護你走在實現人生使命的道路上。我是在一個課程中第一次嘗試這個方法。當時輪到我分享人生的願景時，我一點頭緒都沒有。然後，在不假思索的情況下，我脫口說出：「我或許能讓每一個人可以從頭開始創造新的自己。」起初，我不知道自己在說什麼。但思索片刻後，我明白到自己確實相信，人人都可以成為自己渴望的樣子。我也相信，不論你經歷過什麼，你都能夠一次又一次改造自己。我相信，你不需要一直陷在舊有的模

式或行為之中。必要的話，你可以改變你的職業和人際關係，多少次都沒關係，直到你找到能發揮出自己獨特的天賦能力為止。

我創造出的使命宣言每天提醒我來到此生的目的。它促使我發揮自身最大的潛能，也讓我敞開心扉，重塑與展現新的自我。請找出對你有意義的宣言。你的宣言不需得到別人的理解，甚至無需讓別人知道。只要用它來提醒自己要往哪個方向前進，並且讓你專注於當下的每一步。

甘地曾說：「這個世界上唯一的惡魔就是橫行在我們心底的心魔。那裡才是我們需要奮戰的戰場。」探索陰影的目的，是要打開我們的心扉，與內心的惡魔和解，也是要學會擁抱我們自己的恐懼和弱點，以慈悲之心看待自己的人性特質。找出你內心所蘊含的禮物。當你全然接納了自己，你就會敞開心扉接納所有其他人。

你是受人關愛的。你是值得的。你擁有充足的一切。相信你的內在智慧，相信你的內心深處存有神性。掙脫你替自己施加的束縛，下定決心活出自己所愛的人生。向宇宙祈求愛與支持。祈求上天讓你的內心充滿慈悲與力量。勇敢面對自己現在的處境，然後向生命的高處而行。允許自己擁有一切，因為你值得。

練習

1. 在這個練習中，我希望你為自己打造一句鏗鏘有力的使命宣言。這個充滿力量的句子，最好是一種宣告，表明出你未來想成為什麼樣的人。你可以聚焦在健康、人際關係、職涯、心靈成長，或是以上全部。

請閉上眼睛，想像自己走進內心的電梯。做幾次緩慢的深呼吸，讓自己完全放鬆。當你張開眼睛，你已經來到你心中的神聖花園。緩緩走到你的冥想位置。感覺到心平靜下來之後，召喚你的神聖自我出現。讓這個形象變得清晰、生動與鮮明。請求你的神聖自我走過來，傳達訊息給你，這個訊息將賦予你能夠實現人生夢想所需的力量和勇氣。如果你難以、或無法聽見要給你的訊息是什麼，那就創造一個賦予你力量的訊息，讓這些話語進入你的意識，使你感覺自己很強大，充滿了力量。完成後，感謝你的神聖自我給予的幫助，然後返回外在的意識層。拿出日誌本，寫

下你在這次觀想中所看到的一切。

你所寫出的宣言，會賦予你力量，幫助你在人生的各個面向邁入個人成長的下一階段。我建議宣言的內容盡量簡短扼要。希望你每天用它來提醒你對自己人生的最高願景。以下是其他人所想出的有力宣言，可以做為參考：

a. 我的靈性是值得愛、誠信與豐盛。
b. 宇宙是我的朋友和戀人，永遠會滿足我的需求。
c. 無論我往哪裡看，都能看見美好、真理和可能性。
d. 我有智慧、無所不知，而且能讓宇宙實現我的願望。
e. 只要我真心渴望，我就能心想事成。

你寫下的宣言必須是當你在複述時，能夠照亮你的內心、激發你熱情的句子。它的目的是要在你的日常生活中帶給你力量，所以它也可以是很簡單的句子，例如：「我能讓這個世界有所改變。」

養成新的習慣需要時間，因此請承諾，在接下來的二十八天裡，無論如何都要對自己重複唸出這個宣言。不妨在每天早上睜開眼、甚至還沒下床之前就複述你的宣言。或者也可以在晚上睡覺前這麼做。在一天的開始和結束時牢記你對自己許下的最高承諾，是一種很不錯的方式。此外，我建議把宣言寫在便利貼上，貼在家裡、辦公室和車上。你愈是將你的宣言帶進意識之中，它所能發揮的作用力就愈強大。讓你的宣言到處都看得到，多多接觸，它就能深植在你的意識裡。

2. 還有一種強而有力的方法，可以用來幫助你召喚出自己的未來圖像。這個方法有時稱為「藏寶圖描繪」，也就是創造出一幅拼貼圖，來觀想你的夢想是什麼。這個方法很適合跟一群朋友一塊進行。你只需準備一塊硬紙板、幾本你喜愛的雜誌、一把剪刀和一罐膠水。

藏寶圖描繪的觀想

閉上眼睛，坐上你內心的電梯，往下七層樓。走出電梯後，你來到了你的美麗花園。漫步花園之中，欣賞周遭的花草樹木。看看那青蔥綠葉，聞聞花朵的芳香。這是個晴朗的日子，鳥兒在周圍歌唱。抬頭看看天空的顏色，感受空氣的溫度，是涼爽還是溫暖？你是否感覺到微風吹拂臉頰？深深吸收著你神聖花園的香氣，感受當中的美。接著，請走到你的冥想位置，舒服地坐著，讓自己放鬆下來。現在，想像你一年後的人生——你擁有了你想要的一切、你所有的夢想都已成真，你感到平靜與滿足。你相信自己、相信宇宙。你尋得了生命的意義，並且對自己的未來充滿信心。你的人生看起來怎麼樣？花一些時間想像。你的人際關係如何？你的健康狀況如何？你的休閒消遣是什麼？你的家人過得如何？你的經濟狀況如何？你在心靈成長方面做了些什麼？接著，展望你五年後的人生。這時候你的人際關係如何？你的健康狀況如何？你的休閒消遣是什麼？你的家人過得如何？你的經濟狀況如何？你在心靈成長方面做了些什麼？

結束以上觀想之後，請翻閱你預先準備好的雜誌，把那些能激勵你的圖片剪下來。過程中不要想太多，盡快瀏覽、撕下能帶給你正面能量的圖片即可。設定十

至十五分鐘完成。如果超過這個時間，你可能會開始冒出自我懷疑的念頭。跟隨著你的直覺就好。將剪下的圖片收集起來，開始做成一幅拼貼圖。

完成後，把圖掛放在你經常看得到的地方，利用這個圖像提醒自己心中的渴望。

3. 比較一下你現在的人生跟你在觀想中看到的人生有哪裡不同。然後拿出一張紙，寫下你現在的人生跟你在觀想以及拼貼畫裡看到的未來，兩者有哪裡不同。接著再寫出，為了實現你想像的未來人生，你要做哪些事。如果你還沒有採取必要的步驟來創造自己未來的人生，你可以藉由承認這個事實並擬訂行動計劃，來加以改變。這裡最重要的一點是，你必須告訴自己事實是什麼。你必須找出，你現在的人生與你渴望的未來有哪些差異之處，這樣你才能夠開始做出改善的計劃。

後記　圓滿充足的自己

我們可以再想想，做這些是否值得？是否值得投入時間和精力來找回完整的自己，把絕望的想法轉變為覺悟？當你發現隱藏在意識表層之下的一切，都只是未經釋放的想法和情緒，你的痛苦就得以被療癒。當你允許自己那些始終遭壓抑的部分浮上表面，你就能覺得鬆了一口氣。當你摘下那些用來隱藏自己弱點與人性的面具，你就能面對真實的自己。

我已引領各位踏上了一段深刻漫長的探索之旅，為的是希望能讓各位發覺，最深層次的自己是「充足」的。我們在宇宙全像的世界當中，已經瞭解到，我們所有人都是生而平等，萬事萬物都是完美地保持平衡。我們明白到，外在世界是我們內心的投射，宇宙會全部反照出我們否認自己擁有的所有面向。我們學習到，我們不僅擁有自己最厭惡的所有特質，而且，這些負面特質其實蘊藏著正面的禮物。它們

的存在，是為了指引我們前往自己內心渴望前去的地方，到達寬容慈悲所存在的地方。在承認擁有、接納我們最害怕和討厭的一切之後，我們就能夠讓自己回歸平衡。正如喬布拉所說的：「不做評斷，就會讓心安靜下來。」擁有安靜的心，我們才能清楚聽見來自內在神性的至善箴言。

允許每一個部分的自己站出來

我們都有機會清理自己的內在城堡。打開每個房間的門，我們就能走進去，擦拭掉灰塵，重新顯露出每個房間原有的光彩與美麗。我們會看到，每個房間為了顯現閃耀的光彩，會有不同的需要。有些房間需要愛與接納，有些需要整修，有些則只是希望得到關注。不論每個房間的需求為何，我們知道我們能夠給予。如果我們想要活出最精彩的人生，就必須允許我們每一個部分的自己站出來，並且得到尊重。我們必須走出自己夢幻泡影的錯覺，站在新的清澈浪潮之中。我們每一個人都必須擴展自己的內在意識，包容人性的所有面向。如果你以前覺得自己的內在只不

過是一幢小屋，那你就得要為自己創造出足夠的內在空間，好容納一整座的城堡。

你真的想得到內在的平靜嗎？如果你是真心想得到，就能擁有。順服。停止抗拒。停止自我防衛。停止假裝。停止否認。停止欺騙自己。承認你的自我防衛，承認你為自己設下的障礙、禁錮著你的牢籠。不要努力成為一個完美的人，因為正是對於完美的渴望，導致我們在心中築起這些高牆；而是要努力成為一個完整的人，讓光明與黑暗在你內心和諧共存。如同凡事都有光明面與黑暗面，每一個人亦是如此，因為生而為人，就是黑暗與光明皆而有之。

古魯瑪義（Guru Mayi）是悉達瑜珈基金會（Siddha Yoga Foundation）的領導者，我曾聽她說過一個很棒的故事：在某個繁榮富庶的王國裡，國王有一天把他的使者叫來，吩咐他去找出這個世界上最糟糕的東西，然後在幾天之內帶回來。使者奉命啟程，數天後，他空著手回來。國王滿腹狐疑地問道：「你找到了什麼？我怎麼什麼也沒看見。」使者回答：「陛下，東西在這兒。」接著伸出了他的舌頭。國王不解，命他解釋。使者說：「我的舌頭就是世上最糟糕的東西。我的舌頭可以做出許多可怕的事情。它會說出惡言和謊話。我能放任我的舌頭胡言亂語，讓我自己

都覺得受不了，還有我也能說出傷害別人的話。所以，我的舌頭是世上最糟糕的東西。」國王聽了這番解釋很滿意，接著又命令他去尋找這個世界上最好的東西。

使者匆匆離開，幾天後，他又再一次空手而回。「東西在哪裡？」國王大聲斥問道。使者再次伸出了他的舌頭。國王說：「告訴我，怎麼回事？」使者回答：「我的舌頭是世上最好的東西。我的舌頭是愛的差使。唯有靠著我的舌頭，我才能展現詩歌的絕美。我的舌頭教導我細細品嚐味道，引導我挑選能夠讓我身體健康的食物。我的舌頭是世界上最棒的東西，因為它讓我得以頌揚上天的聖名。」國王聽得頭頭稱道，最後任命他為最高的輔佐大臣。

我們很容易看事情是「非黑即白」。然而，凡事有好有壞，有黑暗、也有光明。否認其中一方，就是否認全部。我們眼睛所見到的一切皆含有神性，所以當我們覺察到自己的神性，就能在其他人身上看見神性的一面。

我們一生中最重要的關係，就是與完整的自己的關係

平靜、愛與和諧，是我們心中最深切的渴望。我們的人生是一場短暫、珍貴的旅程，而我們的使命就是要發揮自己的獨特天賦。如果要真正展現我們的獨特天賦，就要尋回我們的內在神性。我們很容易會忽視這個生命中最寶貴的東西。別隱藏你的愛與寬恕。別隱藏你的慈悲與恩典。我們一生中最重要的關係，就是與自己——完整自己——的關係，而這個完整的自己，是包括了我們的陰暗面。請記住，所有好的關係會一直延續。我們需要持續不斷成長，並且克服一切阻礙，而好的關係會促使我們成為更好的人，比我們以為的還更好，也會讓我們展現自己、敞開內心。我們必須與自己的陰影親密相處，因為它們是我們每個人身上神聖的部分。你需要做的，就是許下承諾會努力敞開心扉、發掘自己、關愛自己。感謝自己的內在神性，接著你會開始感謝生命中所出現的一切禮物。在這樣的狀態下，你將會開始深深體會到，生而為人的神奇與美好。

國家圖書館出版品預行編目資料

與其做一個好人，不如做一個完整的人：擁抱你所有的黑暗面，成爲完整的自己，自由過你想要過的人生/黛比.福特(Debbie Ford)著；朱詩迪譯. -- 初版. -- 臺北市：遠流出版事業股份有限公司, 2022.12
面；　公分
譯自：The dark side of the light chasers : reclaiming your power, creativity, brilliance, and dreams.
ISBN 978-957-32-9707-9(平裝)

1.CST: 精神分析學 2.CST: 自我實現

175.7　　111012241

■與其做一個好人，不如做一個完整的人：擁抱你所有的黑暗面，成為完整的自己，自由過你想要過的人生■The Dark Side of the Light Chasers：Reclaiming Your Power, Creativity, Brilliance, and Dreams■作者/黛比・福特（Debbie Ford）■譯者/朱詩迪■行銷企畫/劉妍伶■執行編輯　曾婉瑜■封面設計/周家瑤■內文構成/6宅貓■發行人/王榮文■出版發行/遠流出版事業股份有限公司■地址/104005臺北市中山區中山北路一段11號13樓■客服電話　02-2571-0297■傳真/02-2571-0197■郵撥/0189456-1■著作權顧問/蕭雄淋律師■2022年12月01日■初版一刷■定價/平裝新台幣380元（如有缺頁或破損，請寄回更換）■有著作權・侵害必究/Printed in Taiwan■ISBN：978-957-32-9707-9■ http://www.ylib.com■E-mail: ylib@ylib.com